VERONIKA PICHL

PORRIDGE

MEHR ALS NUR FRÜHSTÜCK

Über 50 gesunde Rezepte für Brei, Müsli, Powerriegel und Muffins

riva

Bibliografische Information der Deutschen Nationalbibliothek:
Die Deutsche Nationalbibliothek verzeichnet diese Publikation in der Deutschen Nationalbibliografie; detaillierte bibliografische Daten sind im Internet über https://dnb.de abrufbar.

Für Fragen und Anregungen:
info@m-vg.de

Wichtiger Hinweis
Ausschließlich zum Zweck der besseren Lesbarkeit wurde auf eine genderspezifische Schreibweise sowie eine Mehrfachbezeichnung verzichtet. Alle personenbezogenen Bezeichnungen sind somit geschlechtsneutral zu verstehen.

Originalausgabe
4. Auflage 2026

Türkenstraße 89
80799 München
Tel.: 089 651285-0

Redaktion: Matthias Michel
Umschlaggestaltung: Isabella Dorsch
Umschlagabbildungen: Vorderseite: Westend61/GettyImages; Rückseite: Ronja Pfuhl (Quinoa-Avocado-Bowl), Leila Jasmin (cremige Bananen-Erdbeer-Oats), Vanessa Faschingbauer (Orange-Chocolate-Porridge, Porridge-Waffeln mit Blaubeeren)
Satz: Satzwerk Huber, Germering
Druck: Florjancic Tisk d.o.o., Slowenien
Printed in the EU

ISBN Print 978-3-7423-0239-7
ISBN E-Book (PDF) 978-3-95971-686-4
ISBN E-Book (EPUB, Mobi) 978-3-95971-687-1

Inhalt

Porridge und Oats

Porridge, Oatmeal und Overnight Oats – davon hat mittlerweile sicher jeder schon einmal gehört. Schließlich sind die trendigen Mahlzeiten auf Haferflockenbasis aus unzähligen Food- und Fitness-Blogs nicht mehr wegzudenken.

Porridge und Co. sind jedoch keine hippe Modeerscheinung, sondern haben seit jeher einen festen Platz am Ess- und besonders am Frühstückstisch. Sie sind nicht nur lecker und lassen sich ungemein vielseitig zubereiten, sondern sind gleichzeitig auch super gesund!

Angesagter Haferbrei: Was sich hinter Porridge und Co. verbirgt

Porridge ist ein echtes Trend-Food ...

... eigentlich aber auch hierzulande schon lange Zeit bekannt. Das, was in Großbritannien als Porridge und in den USA als Oatmeal auf den Tisch kommt, heißt bei uns ganz einfach Haferbrei.

Basis der warmen Speise sind klassischerweise Hafermehl oder Haferflocken, die in Wasser oder Milch so lange gekocht werden, bis ein cremiger Brei entsteht. Es gibt allerdings große Unterschiede, was man daraus macht: Während Haferbrei hierzulande bisher eher als magenschonende, fade Krankenspeise daherkam, wird er in England üblicherweise als warmes Frühstück genossen und (wie auch in Skandinavien) mit Zucker, Ahornsirup oder Früchten verfeinert. Wer es hingegen herzhafter mag, gönnt sich die traditionell schottische gesalzene Porridge-Variante. So präsentiert sich Porridge nicht nur viel abwechslungsreicher, sondern auch als echter Verführer von Leckermäulern, ob süß oder pikant.

Overnight Oats revolutionieren die Porridge-Welt ...

und präsentieren sich als rohe Flockenvariante – und damit auch als besonders interessante Alternative für diejenigen, bei denen es in der Küche gerade morgens schnell gehen soll.

Schließlich werden die Haferflocken der Overnight Oats im Gegensatz zu Porridge und Oatmeal nicht gekocht, sondern – wie der Name sagt – über Nacht in Flüssigkeit (Milch, Joghurt oder auch Saft) eingeweicht. So lassen sich die gesunden Flocken nicht nur besonders einfach portionieren und bereiten sich über Nacht quasi von alleine zu, sondern können am Morgen mit Obst und Toppings verfeinert auch praktisch mit zur Arbeit genommen werden.

Übrigens: Der seit über 100 Jahren bekannte und beliebte Vorfahre unserer heutigen Overnight Oats ist das Bircher Müsli! Entwickelt und zum ersten Mal zubereitet hat es um 1900 der Schweizer Arzt und Ernährungsreformer Maximilian Bircher-Benner aus Haferflocken, Nüssen, Äpfeln und Milch, und zwar als Diätspeise, die den Patienten seines Zürcher Sanatoriums eine gesunde, vollwertige Ernährung bieten sollte. Mit Erfolg! Bircher Müsli ist längst weltweit als gesundes Frühstück bekannt und beliebt.

Erste Wahl nicht nur zum Frühstück: Porridge und Overnight Oats

Das von seinem Erfinder »Apfeldiätspeise« genannte Bircher Müsli wurde, anders, als man vielleicht vermuten würde, ursprünglich nicht als gesundes Frühstück, sondern als bekömmliche und ausgewogene Abendmahlzeit gereicht. Dafür, dass unsere modernen Porridge- und Oats-Rezepte aber gerade als leckeres Frühstück besonders gut ankommen, gibt es viele gute Gründe:

Powerstart in den Tag

Das Frühstück wird zwar oft als wichtigste Mahlzeit des Tages bezeichnet, kommt bei vielen aber leider zu kurz.

Und auch unter »Frühstückern« fällt die Wahl aus Zeitmangel oft auf zuckerige Frühstücksflocken, das altbekannte Marmeladenbrötchen oder ein Wurst- oder Käsebrot. Keine gute Wahl – schließlich fehlt uns, wenn wir ohne oder ohne passenden Treibstoff in den Tag starten, schlichtweg die Energie, um den ganzen Tag über volle Leistung zu erbringen. Und auch der schlanken Linie tun wir so keinen Gefallen.

Grund dafür ist unter anderem unser Stoffwechsel, der auf Hochtouren läuft, wenn wir schlafen. Schließlich ist unser Körper gerade in der Nacht damit beschäftigt, Zellen zu erneuern, Verbrauchtes abzutransportieren und Bakterien und Viren zu bekämpfen. Doch selbstverständlich arbeiten unsere Organe nachts weiter und machen keine Pause. Kein Wunder, dass während unserer Ruhephase fast die Hälfte unseres Kaloriengrundumsatzes verbraucht wird.

Entsprechend benötigt unser Körper am Morgen möglichst schnell neue Energie, um mit voller Power durchstarten zu können. Spätestens ein bis zwei Stunden nach dem Aufwachen sollte ihm diese zur Verfügung gestellt werden. Geschieht dies nicht, sind nicht nur mangelnde Konzentration und Abgeschlagenheit spätestens am Nachmittag die Folge, sondern auch der Grundumsatz unseres Stoffwechsels wird herabgesetzt. Außerdem steht weniger Energie für Muskeltätigkeit, Organe und Gehirn zur Verfügung – schließlich suggeriert das fehlende Frühstück unserem Körper, dass »Notzeiten« angebrochen sind. Keine gute Wahl – denn wer will schon tagsüber auf Sparflamme laufen?

Um dem Sparmodus vorzubeugen und energiereich in den Tag zu starten, empfiehlt die Deutsche Gesellschaft für Ernährung (DGE), den Tag mit einem ausgewogenen Frühstück bestehend aus einem Getreideprodukt, etwas Obst oder Gemüse sowie einem Milchprodukt zu beginnen.

So erhalten Muskeln, Organe und Gehirn den Treibstoff, den sie benötigen, in Form von komplexen Kohlenhydraten, wertvollen Fetten und Proteinen und können optimal in den Tag starten.

Mehr Powerstoffe für unseren Organismus

Wichtigster Brennstoff, den wir unserem Organismus überwiegend am Morgen zur Verfügung stellen sollten, sind Kohlenhydrate. Schließlich verbraucht allein unser Gehirn pro Tag 120 Gramm der aus Kohlenhydraten gewonnenen Glukose (umgangssprachlich auch als Traubenzucker bezeichnet).

Experten empfehlen, rund 50 bis 60 Prozent des täglichen Kohlenhydratbedarfs mit dem Frühstück zu decken und dabei komplexe Kohlenhydrate, wie sie in Obst oder Vollkornprodukten vorkommen, zu bevorzugen.

So stellen wir nicht nur sicher, dass unser Stoffwechsel bereits am Morgen in Schwung kommt und uns genügend Energie zur Verfügung steht, auch bleiben wir so länger satt und geben unserem Körper die Möglichkeit, die zugeführten Kohlenhydrate über den Tag verteilt vollständig zu verwerten. Wer Vollkornprodukte bevorzugt, bekommt außerdem gleich noch eine Extraportion wertvoller Vitamine und Mineralstoffe.

Zusätzlich zu den komplexen Kohlenhydraten lassen uns auch gesunde Fette fit und energiereich in den Tag starten. Enthalten beispielsweise in Nüssen, Kernen oder Milchprodukten, treiben sie unsere Stoffwechselaktivität an und gewährleisten – wer hätte das gedacht! – eine effiziente Fettverbrennung während des Tages, wie unter anderem eine Studie der University of Alabama belegt.

Neben Kohlenhydraten und Fetten ist Protein/Eiweiß ein wichtiger Baustoff für Gehirn, Muskeln und Organe. Nur mit der Hilfe von Nahrungseiweiß bleiben alle diese Strukturen leistungsfähig, denn unser Körper kann die essentiellen (lebensnotwendigen) Aminosäuren für den Proteinaufbau nicht selbst produzieren. Entsprechend sollte Eiweiß bei der Zusammenstellung unserer Morgenmahlzeit nicht zu kurz kommen.

Doch wie verpackt man alle diese Powerstoffe in ein einziges Frühstück? Mit Porridge oder Overnight Oats ist das kein Problem! Schließlich enthalten allein Haferflocken besonders viele gesunde, komplexe Kohlenhydrate und wertvolles Eiweiß. Milch, Joghurt oder Superfood-Toppings werten die Energie- und Nährstoffbilanz noch auf. Und zusätzlich bringen Haferflocken als besonderen Bonus sogar noch jede Menge Ballaststoffe mit, die das Diabetes- und Bluthochdruckrisiko senken und lange satt machen.

Porridge: Neue Trends

Weltweit ist das klassische Porridge als cremig-warme Mahlzeit nicht nur am Morgen beliebt. Der verführerische heiße Brei hat aber viel mehr zu bieten und präsentiert sich mittlerweile in einer Menge abwechslungsreicher Varianten von süß bis herzhaft.

Nicht nur die Milch macht's

Während Porridge klassischerweise mit Milch, Wasser oder Pflanzenmilch zubereitet wird, zeigt der Brei jetzt auch seine herzhafte, fruchtige oder energiegeladene Seite. Schließlich lassen sich leckere Porridge-Rezepte auch mit Kaffee, Chai, Saft, Matcha, Gemüsebrühe oder fruchtigen Smoothies zusammenstellen.

Mehr als nur eine süße Seite

Auch deftige Varianten liegen voll im Trend. Anstatt Früchten nimmt man frisches Gemüse, Fleisch- und Fischbeilagen, Tofu, Seitan, Käse oder Ei.

Gesund und glutenfrei

Wer sagt eigentlich, dass Porridge ausschließlich aus Haferflocken zubereitet werden muss? Niemand! Und genau aus diesem Grunde gibt es Porridge heute auch aus Reisflocken, Quinoa, Amaranth, Buchweizen und vielem mehr.

Würzen und verfeinern

Perfekt ergänzt werden die Porridge-Varianten durch Würz- und Süßungsmittel wie Honig, Xylit, Nussmus, Sojasauce und Tahini oder auch mit Superfoods wie Chia-Samen, Matcha, Acai und gesundem Gerstenpulver.

To go

Auch als Frühstück im Büro oder Snack zwischendurch ist Porridge aktuell voll im Trend. Das haben Müslianbieter mittlerweile erkannt und bieten die praktische To-go-Variante des klassischen Haferbreis an. Hier reichen schon ein Schluck Milch und ein paar Runden in der Mikrowelle für den cremigen Porridge-Genuss. Wir zeigen Ihnen später, wie man Porridge to go ganz leicht selbst machen kann, und das auch noch viel günstiger.

Mehr als nur Brei

Deftig, voller Superfoods oder sogar glutenfrei – das ist noch längst nicht alles! Schließlich macht sich Porridge nicht nur als cremiger Haferbrei sehr gut. Auch gebacken als Müsliriegel, als Pancake, Muffin, Pizzaboden oder Energiesnack überzeugt Porridge mit geballter Flockenpower.

Das Gute daran: Was steckt in Porridge und Overnight Oats?

Aufgrund seines hohen Eiweißgehalts von etwa 12 Prozent ist Hafer aus ernährungsphysiologischer Sicht ein besonders wertvolles Getreide. Das gilt nicht zuletzt, weil sich die in Hafer enthaltenen Proteine überwiegend aus essentiellen Aminosäuren zusammensetzen, die der Körper nicht selbst herstellen kann.

Neben 12 Gramm Eiweiß enthalten 100 Gramm Hafer außerdem

- 7,1 Gramm Fett,
- 59,2 Gramm Kohlenhydrate,
- 6,2 Gramm Ballaststoffe und
- 2,9 Gramm Mineralstoffe.

Bei dieser Zusammensetzung verwundert es nicht, dass dem Hafer in der Naturheilkunde eine heilende Wirkung nachgesagt wird.

Wir sehen, Porridge und Overnight Oats sind also nicht umsonst besonders beliebte Mahlzeiten unter Fitness- und Gesundheitsbewussten. Und neben der Tatsache, dass sich die leckeren Sattmacher ideal vorbereiten und mitnehmen lassen, sprechen diese gesundheitlichen Vorteile für die leckeren Haferflockenmahlzeiten.

Schließlich kann **Porridge ...**

- **den Cholesterinspiegel senken**:
Mit Hilfe der löslichen Ballaststoffe, die bei Haferflocken etwa 17 Prozent des Nährstoffprofils ausmachen, wird die Absorption des »schlechten« LDL-Cholesterins (Low-density lipoprotein) verhindert.
- **jede Menge Antioxidantien liefern**:
Diese wehren freie Radikale ab, welche auch das »gute« HDL-Cholesterin (High-density lipoprotein) beeinträchtigen. Zusätzlich verringern sie das Risiko kardiovaskulärer Erkrankungen und arterieller Verkalkungen (Arteriosklerose).
- **Typ-2-Diabetes vorbeugen**:
Das geschieht durch das in Haferflocken enthaltene Magnesium. Der Mineralstoff, von dem sich 117 mg in 100 Gramm Haferflocken verstecken, reguliert den Insulin- und Glukoselevel. Wird die Mahlzeit mit Milchprodukten zubereitet, verstärkt sich dieser Effekt zusätzlich.

Aber nicht nur mit gesundheitlichen Vorteilen kann Porridge überzeugen, sondern auch mit einem beeindruckenden Nährstoffprofil. So deckt eine kleine Portion (40 Gramm Haferflocken zubereitet mit fettarmer Milch) allein:

- 10 Prozent des Tagesbedarfs an Eisen,
- 25 Prozent des Tagesbedarfs an Magnesium,
- 30 Prozent des Tagesbedarfs an Phosphor ab und enthält
- signifikante Mengen der Spurenelemente Selen, Mangan und Kupfer.

Dabei ist es gerade der Hafer, eine der wertvollsten Getreidesorten, der Porridge und Overnight Oats so gesund macht. Schließlich liefert er viel Eiweiß, Ballaststoffe sowie wertvolle Mineralien und Vitamine. Diese Nährstoffkombination sorgt gemeinsam mit komplexen Kohlenhydraten für einen geregelten Blutzuckerspiegel und beugt Heißhungerattacken vor. B-Vitamine, Zink, Mangan und Kupfer sorgen zusätzlich für Power, starke Fingernägel und eine gesunde, strahlende Haut.

Nicht zu vergessen die in Hafer und darum auch in Haferflocken enthaltenen Ballaststoffe. Sie halten besonders lange satt, sorgen für einen gesunden Darm, regulieren die Verdauung und bilden im Magen eine Schicht, welche die Magenschleimhaut vor dem sauren Magensaft schützt. Dadurch ist Porridge eine ideale Mahlzeit für Menschen mit empfindlichem Magen.

Porridge und Oats: Die Basiszutaten im Überblick

Für die Zubereitung von Porridge und Overnight Oats sind die Möglichkeiten fast unbegrenzt. Wir stellen Ihnen nachfolgend eine Vielzahl von Basiszutaten vor.

Getreideflocken

Haferflocken: Mit ihrem milden Geschmack und voller guter Ballaststoffe sowie wertvollem Eiweiß bilden sie die ideale Porridge-Basis.

Roggenflocken: Auch Roggenflocken machen sich gut als Porridge-Basis. Dunkel und mit intensiverem Geschmack, sind sie auch für herzhafte Rezepte besonders gut geeignet.

Dinkelflocken: Dinkel hat einen nussigen Geschmack und einen niedrigen Glutenanteil und überzeugt außerdem durch einen hohen Ballaststoffgehalt und eine gute Verdaulichkeit.

Reis und Pseudogetreide (glutenfrei)

Reis: Ob als Korn oder Flocke ist Reis glutenfrei und steckt voller wertvoller Antioxidantien. Während Reisflocken als Basis für Overnight Oats geeignet sind, kann Vollkornreis nur für gekochtes Porridge verwendet werden.

Pseudogetreide (Amaranth, Buchweizen, Quinoa): Das sind Körner von Pflanzen, die nicht zu den echten Getreidearten gezählt werden. Sie können in der Regel wie Getreide verwendet werden, sind reich an Protein, Mineralstoffen sowie gesunden Fetten und allesamt glutenfrei.

Bitte beachten: Quinoa und Co. sollten vor der Verwendung in einem feinmaschigen Sieb bei fließendem Wasser durchgewaschen werden!

Amaranth, Buchweizen und Quinoa gibt es oft auch in Flockenform, was die Verwendung als Porridge- und Oats-Basis besonders leicht macht.

Als gepuffte Variante sind sie auch ein ideales Topping. Tipp: Vorher fettfrei anrösten.

Milch, Pflanzenmilch, Saft und Co. – die richtige Flüssigkeit

Milch: Ob pur oder mit Wasser gemischt – Milch ist die traditionelle Grundzutat von Porridge und Oats. Milch ist reich an Kalzium und enthält außerdem viele essentielle Aminosäu-

ren, die zum Beispiel für den Muskelaufbau gebraucht werden.

Mandelmilch: Sie verleiht gerade Overnight Oats einen besonders feinen Geschmack und eine cremige Textur. Mandelmilch lässt sich leicht selbst herstellen und ist auch für Veganer oder Menschen mit Laktoseintoleranz bestens geeignet.

Kokosmilch: Ob süß oder herzhaft – Kokosmilch passt immer! Ihr exotisch-leckerer Geschmack verfeinert nicht nur süßes Porridge, sondern gibt herzhaften Gerichten einen asiatischen Touch.

Andere Pflanzenmilch: Neben Mandel- und Kokosmilch eignen sich selbstverständlich auch Hafermilch, Reismilch, Haselnussmilch und alle anderen denkbaren Milchalternativen.

Saft, Smoothies, Tee, Wasser: Wer nicht nur auf Laktose verzichten, sondern auch ganz neue Geschmacksvarianten ausprobieren möchte, kann außerdem auf frische Säfte, Smoothies oder Tee zum Zubereiten von Oats und Porridge setzen.

Auch Wasser eignet sich als Flüssigkeit; zum Beispiel ersetzt man damit oft einen Teil der Milchprodukte.

Herzhafte Brühen: Für herzhafte Porridges eignen sich besonders Gemüse-, Knochen- oder Fleischbrühe sehr gut.

Samen, Nüsse, Kerne und Superfoods

Chia-Samen: Das protein- und ballaststoffreiche Superfood hält lange satt und fördert die Verdauung. Es verleiht Overnight Oats eine puddingartige Konsistenz, lässt sich aber auch genauso gut als gesundes Knusper-Topping verwenden.

Leinsamen: Reich an Ballaststoffen und gesunden Omega-Fettsäuren, geben die kleinen Samenkörner Porridge und Oats einen zusätzlichen Gesundheitskick.

Hanfsamen: Sie gehören zu den hochwertigsten Ölfrüchten mit zahlreichen Nährstoffen. Die Körnchen sind richtige Eiweißbomben und enthalten alle acht essentiellen Aminosäuren.

Nüsse: Nüsse wie beispielsweise Walnüsse, Haselnüsse oder Macadamia sind nicht nur lecker und »crunchy«, sie sind auch gesund. Die begehrte Zutat ist reich an Nährstoffen, verfügt über zahlreiche ungesättigte Fettsäuren und enthält viele wertvolle Inhaltsstoffe.

Kerne/Steinfrüchte: Obgleich Mandeln, Cashewkerne, Pistazien oder Pekannüsse oft irrtümlich den Nüssen zugeordnet werden, handelt es sich dabei korrekt um Steinfrüchte. Die beliebten Porridge-Beigaben sind reich an Ballaststoffen und ungesättigten Fettsäuren.

Erdnüsse: Erdnüsse gehören zu den begehrtesten Vertretern aus der Familie der Hülsenfrüchte. Die beliebte Nascherei enthält gesunde Fette, viel Eiweiß und B-Vitamine.

Süßen, würzen und verfeinern

Nicht nur Salz, Pfeffer, Zucker, Honig oder andere Standardgewürze und Süßungsmittel stehen zum Verfeinern von leckeren Porridge-Rezepten zur Verfügung – der Fantasie und Experimentierfreude sind keine Grenzen gesetzt!

Honig: Er süßt ganz natürlich und hat eine entzündungshemmende Wirkung.

Datteln: Es muss nicht immer Zucker sein! Auch Datteln verleihen einen natürlich süßen Geschmack und lassen sich einfach im Mixer zu einer süßen Creme verarbeiten.

Agavendicksaft: Wer es gerne süß und exotisch mag, der peppt sein Porridge mit Agavendicksaft auf. Das Süßungsmittel aus Mexiko besitzt weniger Kalorien und Kohlenhydrate als handelsüblicher Zucker.

Ahornsirup: Das natürliche, dickflüssige Süßungsmittel hat von seiner kanadischen Heimat aus längst seinen Siegeszug um die ganze Welt angetreten.

Xylit/Erythrit: Xylit und Erythrit finden hauptsächlich in der Low-Carb-Küche Verwendung. Die beiden Zuckeralternativen helfen dabei, Kohlenhydrate und Kalorien einzusparen.

Koskosblütenzucker: Genießer verfeinern ihr Porridge gerne mit Kokosblütenzucker. Das alternative Süßungsmittel ist reich an Mineralstoffen, gut für den Blutzucker und verleiht Gerichten einen Hauch von Karamellaroma.

Sojasauce: Herzhafte Rezepte mit Fleisch, Tofu oder Gemüse lassen sich mit Sojasauce pikant und asiatisch abschmecken.

Essig: Apfel-, Himbeer- oder Balsamicoessige eignen sich hervorragend zum Würzen von herzhaften Porridge-Rezepten und geben ihnen einen außergewöhnlichen Geschmackskick.

Obst und Gemüse

Gemüse: Kohl, Spinat, Bohnen, Karotten oder Kürbis – Gemüse enthält nicht nur viele Vitamine und Mineralien, sondern kann als Topping, aber auch als Beigabe zur Porridge-Basis zubereitet werden.

Pikante Porridge-Varianten mit Haferflocken, Quinoa oder Reis und Gemüse erinnern geschmacklich an Risotto.

Früchte: Bananen, Äpfel, Ananas, Birnen und andere Früchte verleihen Porridge und Oats eine natürliche Süße, den extra Vitaminkick und können oft auch bei pikanten, orientalisch angehauchten Rezepten zum Einsatz kommen.

Beeren: Besonders viele Vitamine und wertvolle Antioxidantien stecken in Himbeere, Erdbeere, Blaubeere und Co. Schon beim Frühstück verleihen die Superfrüchte jede Menge Power für den Tag.

Kräuter: Basilikum, Koriander und Petersilie für noch mehr Geschmack am besten frisch verwenden!

Tahini: Die dunkel- oder hellbraune Paste aus gemahlenen Sesamkörnern ist besonders reich an Vitaminen und enthält viel Kalzium.

Erdnussbutter: Der energiereiche Proteinspender macht sich besonders gut in Rezepten mit Äpfeln, Kakao, Bananen oder Karotten.

Cremiges Mus aus Mandeln und Cashews: Mandelmus, weißes Mandelmus (aus geschälten Mandeln) und Cashewmus enthalten gesunde Fette und schmecken cremig lecker.

Currypasten: Es gibt sie in Rot, Gelb und Grün. Die Farben weisen auch auf den Schärfegrad der jeweiligen Paste hin: Grün sehr scharf, Rot etwas weniger scharf und Gelb eher mild und cremig. Sie eignen sich ideal für eine thailändische Note in einem Porridge nach Curryart.

Proteinquellen

Fleisch, Huhn, Käse und Ei: Fleisch hat in Porridge nichts zu suchen? Doch, nämlich in deftigen Curry-Porridges, etwa mit Hähnchen. Auch Käse und Spiegelei finden ihren Platz in unseren herzhaften Porridge-Rezepten.

Tofu und Seitan: Hergestellt aus Sojabohnen bzw. Weizen, stellen Tofu und Seitan eine auch für Veganer geeignete, wertvolle Proteinquelle dar. Bei der Zubereitung sind dem Ideenreichtum keine Grenzen gesetzt, da sich beide Produkte hervorragend braten, marinieren oder auch im Ofen zubereiten lassen.

Tempeh: Das hierzulande bisher noch wenig bekannte Tempeh wird wie Tofu aus Sojabohnen hergestellt und stammt aus Indonesien. Aufgrund seines milden und nussigen Aromas eignet sich das cholesterinarme Tempeh ideal für zahlreiche Gerichte.

Superfoods

Was sind Superfoods?

Superfoods sind Nahrungsmittel, die sich durch eine besonders hohe Dichte an Nähr-, Wirk- und Vitalstoffen hervorheben und damit positiv auf Körper und Geist auswirken. Dazu zählen neben den oben bereits erwähnten Chia-Samen auch viele weitere Naturprodukte, die mittlerweile in zahlreichen modernen Küchen zu finden sind, zum Beispiel:

Weizengraspulver: Grün und gesund! Das Superfood zählt zu den Süßgräsern, wirkt basisch und versorgt den Körper mit ausreichend Vitamin C, Vitamin B1, Eisen und Magnesium.

Acai: Das Pulver ist dunkelblau bis dunkelviolett, ein farbliches Highlight in jeder Smoothie Bowl. Dank seiner wertvollen Inhaltsstoffe eignet sich die Acai-Beere optimal zur Stärkung des Immunsystems, zur Fettverbrennung und als Mittel gegen Konzentrationsschwäche.

Maca: Fit und konzentriert durch den Tag mit Maca. Das peruanische Naturheilwunder gilt als leistungsfördernd und sorgt für geistige Wachheit.

Moringa: Das Pulver des nordindischen »Wunderbaums« ist reich an Kalzium, Kalium, Eisen und Vitamin C.

Algen (Chlorella, Spirulina): Algen wie beispielsweise Chlorella oder Spirulina zählen schon lange zu den ultimativen Superfoods, sind förderlich für das Immunsystem und sollen bei der Entgiftung des Körpers helfen.

Aronia: Kleine Beere große Wirkung. Aronia-Beeren verleihen eine leicht säuerliche Note und steigern das körperliche und geistige Wohlbefinden.

Baobab: Die Boabob-Frucht verleiht Vitalität für den ganzen Tag. Einfach einen Teelöffel Pulver ins Porridge geben und von den Effekten profitieren!

Maulbeere: Lecker, leistungsfördernd und exotisch … das ist die Maulbeere. Als Topping auf Porridge oder Overnight Oats verleihen Maulbeeren dem Frühstück einen kulinarischen Kick.

Rohes Kakaopulver/Kakaonibs: Reich an Magnesium, Kalzium und wertvollen Antioxidantien, fördert die Verdauung und kann sogar den Blutdruck senken. Man sollte darauf achten, dass dem Kakaopulver kein Zucker zugesetzt wurde. Kakaonibs sind Stückchen von geschälten Kakaobohnen und eignen sich besonders zum Knabbern oder als Topping.

Passend gemacht: Glutenfreies Porridge und andere Alternativen

Glutenfreies Porridge – geht das?

Dass Hafer ein besonders wertvolles Getreide mit einem hohen Gehalt an Eiweiß und essentiellen Aminosäuren ist, haben wir bereits gesehen. Doch können auch Menschen mit einer Glutenunverträglichkeit in den Genuss dieser Vorteile kommen? Als Glutenunverträglichkeit oder Zöliakie wird eine Überempfindlichkeit der Dünndarmschleimhaut gegenüber Bestandteilen der in vielen Getreidesorten vorkommenden Klebereiweiße verstanden. Obwohl die Symptome der Erkrankung je nach Schweregrad recht unterschiedlich ausfallen können, sollte bei Zöliakie auf den Verzehr von Gluten selbstverständlich verzichtet werden.

Bedeutet das, dass Menschen mit Glutenunverträglichkeit auf Porridge komplett verzichten müssen?

Wenngleich deutlich weniger als beispielsweise in Weizen, ist Gluten auch im Hafer vorhanden. Problematisch ist zudem, dass Hafer und Haferflocken bei ihrer Verarbeitung oft mit anderen Getreidesorten »verunreinigt« werden können, wodurch sich ihr Glutengehalt erhöht.

Mittlerweile gibt es sehr viele Produkte, die als **»glutenfreie Haferflocken«** angeboten werden. Wer aber von Glutenunverträglichkeit betroffen ist und lieber sichergehen möchte, kann auf glutenfreie Alternativen als Porridge-Basis zurückgreifen, beispielsweise:

- Reis oder Reisflocken
- Hirse oder Hirseflocken
- Sojaflocken

oder **glutenfreie Pseudogetreidearten**:

- Amaranth oder Amaranthflocken
- Buchweizen oder Buchweizenflocken
- Quinoa oder Quinoaflocken

Zutaten clever ersetzen

Die in den Rezepten genannten Zutaten lassen sich nahezu unbegrenzt durch andere austauschen. Egal, ob das Ergebnis glutenfrei, laktosefrei sein oder bestimmten Vorlieben entsprechen soll – clever variieren lautet die Devise. Wie einfach das geht, sehen Sie in folgender Übersicht – zuerst das Original, dann die Alternative:

Haferflocken: Roggenflocken, Dinkelflocken
- Glutenfreie Haferflocken (extra deklariert – bitte achten Sie auf die Produktbeschreibung), Sojaflocken, Reisflocken, Amaranthflocken, Buchweizenflocken, Quinoaflocken

Milch:
- Gemisch aus ½ Menge Milch, ½ Menge Wasser
- Mandelmilch, Nussmilch wie z. B. Haselnussmilch, Kokosmilch, Kokosnusswasser, Reismilch, Saft, Frucht-Smoothies, Tee, Wasser

Joghurt:
- Quark mit etwas Milch aufgerührt
- Nuss-»Joghurt«, Sojajoghurt, Lupinenjoghurt

Honig: Zucker, brauner Zucker, Kokosblütenzucker, Xylit, Erythrit, Agavendicksaft, Ahornsirup, Stevia, Datteln, Trockenfrüchte

Reis: Quinoa, Buchweizen, Amaranth
Falls Sie ganze Körner verwenden, sollten Sie auf die unterschiedlichen Garzeiten achten.

Wir haben Ihnen auf den vorhergehenden Seiten viele Basiszutaten für Porridge und Overnight Oats vorgestellt und Ihnen gezeigt, wie Sie die Rezepte an Ihre Bedürfnisse anpassen können.
Nun wünschen wir Ihnen viel Spaß beim Ausprobieren der Ideen im Rezeptteil. Bei jedem Rezept finden Sie detaillierte Nährwertangaben:
- kcal steht für Kilokalorien
- KH steht für Kohlenhydrate
- P steht für Protein (Eiweiß)
- F steht für Fett

Mit den Baukästen zeigen wir Ihnen, wie Sie eigene Kreationen ganz nach Ihrem Geschmack zusammenstellen können.
Gutes Gelingen!

Basiszutaten selbst gemacht

Mandelmilch

Für ca. 1 l, vegan

200 g geschälte Mandeln
1 l Wasser
4-5 Datteln (optional)
1 Prise Salz

1. Die geschälten Mandeln über Nacht in einer Schale mit Wasser einweichen.
2. Am nächsten Morgen Wasser abgießen und die eingeweichten Mandeln mit 1 l frischem Wasser in einen Küchenmixer geben. Gründlich für etwa 2 Minuten mixen.
3. Datteln hinzugeben und weitere 2 Minuten mixen.
4. Danach die Mischung durch ein mit einem sauberen Baumwolltuch ausgelegtes Sieb oder durch einen Nussmilchbeutel gießen und die Flüssigkeit auffangen. Mandelmasse mit Hilfe des Tuchs gründlich ausdrücken, bis nur noch das fast trockene Mandelpüree zurückbleibt. Die so gewonnene Mandelmilch bleibt im Kühlschrank etwa 2 bis 3 Tage frisch.

Selbstverständlich kann die Mandelmilch statt mit Datteln gesüßt auch ungesüßt, mit anderen Süßungsmitteln oder beispielsweise nur mit Vanille oder Zimt verfeinert werden. Auf diese Weise kann man auch Nussmilch (Haselnuss, Walnuss …) herstellen.

Tipp:

Das übriggebliebene Mandelpüree nicht wegwerfen! Es lässt sich als Topping für Porridge verwenden oder im Backofen zu Mandelmehl trocknen!

Kokosmilch

Ergibt ca. 400 ml Kokosmilch
vegan

100 g Kokosraspel
400 ml Wasser

1. Kokosraspel in einen Rührbecher füllen.
2. 400 ml Wasser zum Kochen bringen, über die Kokosraspel gießen und ca. 15 Minuten ziehen lassen.
3. In einem Mixer oder mit dem Pürierstab mehrere Minuten kräftig pürieren.
4. Danach die Mischung durch ein mit einem sauberen Baumwolltuch ausgelegtes Sieb oder einen Nussmilchbeutel gießen und die Flüssigkeit auffangen. Kokosraspel mit Hilfe des Tuchs gründlich ausdrücken, bis nur noch das fast trockene Kokospüree zurückbleibt. Die so gewonnene Kokosmilch kann jetzt in Flaschen abgefüllt und bis zu 5 Tage im Kühlschrank gelagert werden.

Die selbst gemachte Kokosmilch eignet sich sehr gut als Milchalternative für Porridge und Overnight Oats, aber auch zum Kochen, Backen oder Trinken. Wer seine Kokosmilch geschmacklich etwas variieren möchte, der kann sie mit Honig, Vanille oder Zimt verfeinern.

Tipp:

Die übrigen Kokosraspel nicht wegwerfen. Sie lassen sich zur Zubereitung von Kuchen oder Muffins verwenden oder zu Kokosmehl verarbeiten.
Oft setzt sich etwas »Kokosrahm« an der Oberfläche der Kokosmilch ab. Vor Verzehr dann einfach noch mal gut durchschütteln.

Veganer Nuss-»Joghurt«

Für 4 Portionen
Pro Portion: 206 kcal / 10,6 g KH / 6,1 g P / 15,1 g F
vegan

50 g blanchierte Mandeln
80 g Cashewkerne
100-200 ml Wasser
Etwas Vanillepulver
2 Datteln

1. Mandeln und Cashewkerne über Nacht in Wasser einweichen.
2. Am nächsten Morgen das Wasser abgießen. Cashews und Mandeln gemeinsam mit 100 bis 200 ml frischem Wasser, Vanillepulver und Datteln in den Mixer geben. Gründlich durch-mixen und die Masse in Gläser füllen.

Tipp:

Der vegane Nuss-»Joghurt« eignet sich hervorragend als vegane Basis für Overnight Oats!
Ersetzt man das Wasser durch Kokosmilch, erhält man einen Joghurt mit leichtem Karibik-Feeling.

Granola

Für ca. 350 g
Pro 50-g-Portion: 266 kcal / 23,5 g KH / 7,5 g P / 15 g F
vegan

2 EL Kokosöl
1 EL Ahornsirup oder Süßungsmittel nach Wahl (Honig, Agavendicksaft, Xylit)
250 g Haferflocken oder Flocken nach Wahl (z. B. 6-Korn-Flocken, Mischung aus feinen und kernigen Flocken, Dinkelflocken, glutenfreien Flocken usw.)
50 g Nüsse nach Wahl (z. B. Haselnüsse, Walnüsse)
½ TL Salz
50 g Kerne/Körner nach Wahl (Mandeln, Chia-Samen, Leinsamen, Sonnenblumenkerne ...)
½ TL Zimt

1. Backofen auf 150 °C Umluft vorheizen.
2. Kokosöl und Süßungsmittel in Topf erwärmen und verflüssigen.
3. Nüsse hacken und zusammen mit allen Zutaten in den Topf geben und gut verrühren, bis das süße Kokosölgemisch gut verteilt ist.
4. Backblech mit Backpapier auslegen und die klebrige Masse daraufstreichen.
5. Granola für 10 bis 15 Minuten im Ofen backen. Nach den ersten 5 Minuten wenden und immer gut im Auge behalten, dass es nicht zu dunkel wird, denn dann schmeckt es bitter. Nach dem Abkühlen ist das Granola knusprig und kann in ein Aufbewahrungsgefäß gefüllt werden. Es hält sich bis zu 2 Wochen.

Tipp:

Das Granola in einem Gefäß aus Metall oder Glas aufbewahren, sonst wird es weich und ist nicht mehr »crunchy«.
Das Granola kann man nach Belieben würzen, z. B. weihnachtlich mit Lebkuchengewürz, oder mit Zutaten nach Wunsch variieren, z. B. mit Kokoschips, Kokosraspeln, Sesamkörnern, gehackten Kürbiskernen oder getrockneten Früchten wie Rosinen, Aprikosen (nach dem Backen dazugeben) und vielem mehr.

Gemüsebrühe

Für ca. 1,5 l Gemüsebrühe
vegan

1 großer Bund Suppengrün (z. B. Karotten, Knollensellerie, Lauch)
1 Zwiebel
1 Tomate
1 Knoblauchzehe
Optional: frische Kräuter nach Belieben wie Petersilie, Basilikum, Thymian, Majoran
2 Liter Wasser
Salz, Pfeffer

1. Suppengrün waschen, schälen und klein schneiden.
2. Zwiebel und Tomate halbieren, Knoblauchzehe leicht zerdrücken.
3. Gemüse und Kräuter nach Belieben in einen Topf mit 2 l kaltem Wasser geben und 1 Stunde bei geringer Hitze köcheln lassen.
4. Danach Brühe durch ein Sieb gießen und mit Salz und Pfeffer abschmecken. Die Gemüsebrühe lässt sich problemlos eine Woche im Kühlschrank aufbewahren.

Tipp:

Die Gemüsebrühe in eine Eiswürfelform füllen und einfrieren. So hat man auf Vorrat immer etwas Gemüsebrühe zum Kochen im Haus.

Porridge: Die perfekte Zubereitung

Das traditionelle Porridge

Beim traditionellen Porridge bilden Haferflocken die Grundzutat für einen cremigen, warmen Haferbrei. Wer sein Porridge besonders cremig liebt, verwendet dafür blütenzarte Haferflocken, Schmelzflocken oder auch gemahlene Haferflocken. Wer sein Porridge mit etwas mehr »Biss« genießen will, greift zu kernigen Haferflocken. Und wer das Wechselspiel von hart und zart mag, mischt die beiden Sorten.

Ist die Grundzutat der Wahl gefunden, muss auch noch eine flüssige Basis her. Hierbei gilt: Nicht nur die Milch macht's! Schließlich kann prinzipiell jede Flüssigkeit zum Einsatz kommen, die gefällt und schmeckt.
Wer sich an der traditionellen Porridge-Zubereitungsweise orientieren möchte, verwendet als flüssige Basis Milch, Wasser oder eine Mischung aus beiden. Genauso gut geeignet sind pflanzliche Milchalternativen oder sogar Tee.
Und das war's auch schon! Mehr braucht es prinzipiell nicht, um eine nahrhafte Porridge-Basis herzustellen! Und das geht so:

Für eine Portion Porridge

40 g Haferflocken
400 ml Flüssigkeit

1. Haferflocken und die gewählte Flüssigkeit werden nun gemeinsam in einen Topf gegeben und einmal aufgekocht.
2. Nun kann die Hitze reduziert werden, sodass das Porridge leicht simmert.
3. Die Mischung nun unter gelegentlichem Rühren 10 bis 15 Minuten köcheln lassen.
   Das fertige Porridge kann nun nach Belieben mit Süßungsmittel, Gewürzen oder Salz verfeinert werden. Selbstverständlich sind der Fantasie auch beim Toppen des Haferbreis keine Grenzen gesetzt. Ganz nach Belieben können etwa Früchte, Nüsse, Kerne, Nussmus und vieles mehr hinzugefügt werden.

Porridge-Baukasten

Mit unseren Rezepten auf den nächsten Seiten zeigen wir Ihnen viele leckere, kreative und gesunde Varianten und präsentieren Porridge und Oats mal klassisch, mal umwerfend innovativ.

Mit den Baukästen für Porridge (S. 29–30) und Overnight Oats (S. 68) möchten wir Ihnen Anregungen an die Hand geben, wie Sie viele weitere Ihrer Lieblingszutaten ganz nach Ihrem persönlichen Geschmack kombinieren können.

	süß	***deftig***
Basis	Getreideflocken wie Haferflocken Glutenfreie Flocken (Reis, Pseudogetreide) Reis, Quinoa, Buchweizen (glutenfrei)	Getreideflocken wie Haferflocken Glutenfreie Flocken (Reis, Pseudogetreide) Reis, Quinoa, Buchweizen (glutenfrei)
Flüssigkeit	Milch, Pflanzenmilch, Saft, Smoothies, Wasser, Tee, Kokosmilch, Kokosnusswasser	Wasser, Gemüse-/Knochen- oder Fleischbrühe, Kokosmilch
Zum Mitkochen und Einrühren	Obst: Gut geeignet sind Äpfel, Birnen, Kirschen, Pflaumen Getrocknete Früchte, z. B. Rosinen, Aprikosen Gemüse, z. B. Zucchini Gemahlene Mandeln, Nüsse, Superfoods Samen wie Chia-Samen und Leinsamen	Gemüse: Gut geeignet sind Kürbis, Zucchini, Spinat Fleisch, Fisch Tofu, Seitan, Tempeh Samen wie Chia und Leinsamen
Süßen, würzen und verfeinern	Zimt, Zucker oder andere Süßungsmittel Mandelmus, Cashewmus usw. Gewürze Kräuter, z. B. Minze	Soja- oder Fischsauce Mandelmus, Cashewmus etc. Currypasten Gewürze Kräuter, z. B. Petersilie, Majoran, Basilikum

	süß	**deftig**
Topping	Obst und Püree aus Früchten Getrocknete Früchte, z. B. Rosinen, Aprikosen Nüsse und Kerne gemahlen, gehackt, geröstet Superfoods und Samen wie Chia-Samen und Leinsamen Granola Kokosflocken	Fleisch, Fisch Tofu, Seitan, Tempeh Spiegelei Superfoods und Samen wie Chia-Samen und Leinsamen

Porridge to go

Keine Zeit, um zu Hause gemütlich zu frühstücken? Oder Lust darauf, eine gesunde, warme Porridge-Mahlzeit auch unterwegs zu genießen? Kein Problem! Immer mehr Müslianbieter entdecken diesen Trend. Die Oats werden in kleinen Mengen und unterschiedlichen Geschmacksrichtungen abgefüllt. Kurz vor dem Verzehr muss man nur die Folie des Bechers abziehen, Milch hinzufügen und für 1 bis 2 Minuten in der Mikrowelle erwärmen. Noch etwas quellen lassen und schon ist das Porridge fertig. Das kann man aber auch ganz leicht selbst vorbereiten, ist um einiges günstiger und vor allem man weiß genau, was drin ist!

Alles, was man hierzu braucht, ist eine trockene, vorbereitete Porridge-Mischung sowie etwas heißes Wasser oder eine Mikrowelle. So lässt sich Porridge auch im Büro oder unterwegs ganz einfach zubereiten, ohne dafür auf einen Kochtopf zurückgreifen zu müssen.

Porridge to go – Grundmischung

Für ca. 500 g
Pro 30-g-Portion: 117 kcal / 18,9 g KH / 4,2 g P / 2,1 g F
vegan

500 g feine Haferflocken oder Flocken nach Wahl
1–2 EL brauner Zucker oder trockene Süße nach Wahl, z. B. Xylit, Zucker
½ TL Salz
1 TL Vanillepulver
1 TL Zimt
Optional, z. B. wenn man nur einen Wasserkocher zur Verfügung hat: 50 g Magermilchpulver (Sahnepulver oder Proteinpulver in der gewünschten Geschmacksrichtung)
Außerdem nach Belieben: gemahlene oder gehackte Mandeln oder Nüsse, Kürbiskerne, Chia-Samen, Leinsamen, Kokosflocken, gefriergetrocknete Früchte (Bananen, Beeren) und vieles mehr

1. Alle Zutaten gut vermischen und in ein verschließbares Gefäß füllen.
2. Je nachdem, ob es ein Snack oder ein komplettes Frühstück sein soll, nimmt man von der Mischung zwischen 30 und 50 g und übergießt diese mit 150 bis 200 ml Flüssigkeit.

Das Porridge to go kann man täglich nach Lust und Laune variieren. Ein paar leckere Ideen haben wir hier für Sie zusammengestellt:

Schoko-Erdnuss-Butter

1 EL Erdnussbutter und
1 TL Kakaopulver

Ahornsirup-Nuss

1 EL gehackte Nüsse und
2 TL Ahornsirup

Beere-Mandel

1 EL gefriergetrocknete Beeren (oder auch frische als Topping)
1 EL gehackte Mandeln

Schoko-Banane

1 TL Schokoladenraspel
½ frische Banane in Scheiben

Himbeer-Kokos

1 EL gefriergetrocknete Himbeeren (oder auch frische als Topping)
1 EL Kokosflocken

Oder einfach die Grundmischung zubereiten und mit frischem Obst toppen.

Für die Zubereitung stehen zwei simple Möglichkeiten zur Verfügung:

Zubereitung mit dem Wasserkocher

Die vorbereitete Porridge-Mischung wird einfach mit heißem Wasser übergossen. Dann heißt es nur noch umrühren und etwa 2 Minuten warten – fertig! Dass in so kurzer Zeit warmes, cremiges Porridge entsteht, machen die zarten Haferflocken möglich, die in Wasser oder anderer Flüssigkeit besonders schnell quellen und eine fluffige Konsistenz annehmen.
Wer die Porridge-to-go-Variante nicht nur mit Wasser zubereiten möchte, hat außerdem die Möglichkeit, seiner trockenen Porridge-Mischung Milchpulver, Sahnepulver oder Proteinpulver hinzuzufügen. So muss selbst unterwegs auf den cremigen Milchgeschmack nicht verzichtet werden.

Zubereitung in der Mikrowelle

Eine weitere Möglichkeit, eine warme Haferflockenmahlzeit auch unterwegs zu genießen, ist die Zubereitung in der Mikrowelle. Die trockene Porridge-Mischung wird einfach mit Milch, Wasser oder einer Mischung aus beidem übergossen. Nun nur noch gut verrühren und für etwa 1 bis 2 Minuten ab in die Mikrowelle – fertig!

Süßes Porridge und Oatmeal

Banana-Split-Oatmeal

1 Portion
Pro Portion: 587 kcal / 71,7 g KH / 16,9 g P / 21,7 g F
vegan

400 ml Mandelmilch
1-2 EL Kakaopulver
65 g Haferflocken, zart
2 EL Agavendicksaft
1 kleine Prise Salz
20 g gehackte Zartbitterschokolade
½ reife Banane

1. In einem Topf die Mandelmilch zum Kochen bringen. Dabei das Kakaopulver klümpchenfrei einrühren.
2. Wenn die Milch kocht, die Haferflocken mit einem Schneebesen unterheben und auf niedriger Stufe andicken lassen. Gelegentlich umrühren, bis ein cremiger Brei entsteht.
3. Agavendicksaft, Salz und gehackte Zartbitterschokolade unterrühren. Bei Bedarf noch etwas Milch hinzufügen bis zur gewünschten Konsistenz.
4. Die Bananenhälfte in Scheiben schneiden und das Oatmeal damit belegen.

Apfel-Nuss-Chia-Porridge

Für 1 Portion
Pro Portion: 539 kcal / 66,8 g KH / 19,7 g P / 18,4 g F
vegetarisch

60 g Haferflocken, zart
250 ml Milch
¼ Apfel fein gewürfelt
1 TL gemahlener Zimt
2 TL Chia-Samen
10 g gehackte Pekannüsse
1 ½ EL Agavendicksaft

Für das Topping:

Apfelscheiben und jeweils 1 EL Maulbeeren, gehackte Pekannüsse und Mandelmus

1. Alle Zutaten in einen Topf geben und zum Kochen bringen.
2. Anschließend bei geringer Hitze ca. 3 bis 5 Minuten köcheln lassen, bis die Haferflocken die Milch ganz aufgesaugt haben. Gelegentlich umrühren.
3. Nach Belieben mit Apfelscheiben, Maulbeeren, Pekannüssen und Mandelmus garnieren.

Buchweizen-Porridge mit Apfel und Mandeln

1 Portion
Pro Portion: 554 kcal / 82 g KH / 17,1 g P / 15,2 g F
vegetarisch, glutenfrei

200 ml Milch oder Milchalternative nach Wahl
60 g Buchweizen
1 Apfel
2 EL gehackte Mandeln
1-2 EL Honig
1 Prise Vanillepulver
1 TL Zimt

1. Milch mit Buchweizen in einem Topf aufkochen und ca. 10 bis 15 Minuten auf niedriger Stufe köcheln lassen. Dabei gelegentlich umrühren.
2. Währenddessen den Apfel klein schneiden oder reiben.
3. Je nach gewünschter Konsistenz noch etwas Milch zum Buchweizen geben.
4. Geriebenen Apfel, Mandeln, Honig, Vanillepulver und Zimt einrühren und abschmecken.

Kokos-Porridge »Piña Colada«

1 Portion
Pro Portion: 693 kcal / 73,8 g KH / 12,9 g P / 35,7 g F
vegan

70 g Haferflocken, zart
80 ml Kokosmilch
160 ml Wasser
1 Banane
¼ einer kleinen Ananas
1 EL Kokosöl
1-2 EL Kokosraspel

1. Die Haferflocken zusammen mit der Kokosmilch, dem Wasser und der in Scheiben geschnittenen Banane in einen kleinen Kochtopf geben und kurz aufkochen. Die Temperatur reduzieren und alles unter gelegentlichem Rühren 5 bis 10 Minuten köcheln lassen, bis das Porridge eine cremige Konsistenz hat.
2. Währenddessen die Ananas in kleine Stücke schneiden.
3. Das Porridge von der Kochplatte nehmen und das Kokosöl sowie die Hälfte der Ananasstücke unterrühren.
4. Nun das Porridge in eine Schale füllen und mit den restlichen Ananasstücken sowie den Kokosraspeln anrichten.

Süßes Kürbis-Oatmeal

1 Portion
Pro Portion: 598 kcal / 21 g KH / 76,3 g P / 21,4 g F
vegetarisch

125 g Hokkaido-Kürbis
100 ml Wasser
200 ml Milch
70 g Haferflocken, zart
1 EL Ahornsirup oder Honig (nach Geschmack)
1 Prise Vanillepulver
1 Prise Muskatnuss gemahlen
1 Prise Nelken gemahlen
½ TL Zimt
2 EL gehackte gemischte Nüsse

1. Für das Kürbispüree zunächst den Kürbis klein schneiden und in einem Topf mit 100 ml Wasser ca. 10 Minuten weich garen. Anschließend den Kürbis abseihen, pürieren und beiseitestellen.
2. Nun die Milch mit den Haferflocken aufkochen und danach etwa 5 Minuten köcheln lassen.
3. Die restlichen Zutaten (außer die Nüsse) mit dem Kürbispüree einrühren und abschmecken.
4. Das fertige Oatmeal mit den gehackten Nüssen bestreuen.

Matcha-Porridge

1 Portion
Pro Portion: 421 kcal / 45,6 g KH / 12,9 g P / 17,9 g F
vegan

60 g Haferflocken, zart
270 ml Mandelmilch
10 g Agavendicksaft
½ TL Matchapulver
Optional: gehackte Mandeln und Heidelbeeren zum Dekorieren

1. Alle Zutaten in einen Topf geben und aufkochen lassen.
2. Ca. 5 Minuten unter Rühren köcheln lassen, bis ein cremiger Brei entstanden ist. Sollte der Brei noch zu flüssig sein, einfach weiterköcheln lassen. Ist er zu fest, mehr Mandelmilch hinzufügen.
3. Nach Belieben toppen, z. B. mit gehackten Mandeln und Heidelbeeren.

Vanille-Mohn-Porridge

2 Portionen
Pro Portion: 595 kcal / 83,5 g KH / 24,5 g P / 16,4 g F
vegan

800 ml Hafermilch oder Milchalternative nach Wahl
120 g Buchweizenflocken
2 EL Agavendicksaft
1 TL Vanillepulver
1-2 TL Chia-Samen
1-2 TL Mohnsamen
200 g Beeren nach Wahl
20 g Nüsse

1. In einem Topf die Hafermilch zum Kochen bringen.
2. Wenn die Milch kocht, die Buchweizenflocken mit einem Schneebesen einrühren und auf niedriger Stufe andicken lassen. Gelegentlich umrühren, bis ein cremiger Brei entsteht.
3. Agavendicksaft, Vanillepulver, Chia-Samen und Mohnsamen unterrühren. Bei Bedarf noch etwas Milch bis zur gewünschten Konsistenz hinzufügen.
4. Beeren waschen und abtupfen. Porridge in 2 Schalen füllen und mit den Beeren und Nüssen garnieren.

Chai-Porridge mit karamellisierter Banane

1 Portion

Pro Portion: 565 kcal / 75,8 g KH / 14,8 g P / 19,5 g F

vegan

1 Beutel Chai (Gewürztee mit Zimt, Anis, Ingwer, Nelken ...)
200 ml Wasser
100 ml Mandelmilch
70 g Haferflocken, zart
1 EL Mandelmus
1 Banane
1 TL Kokosöl
1 TL Ahornsirup
¼ TL Zimt

Zum Garnieren:

Haselnüsse und Schokoladenstücke nach Belieben

1. Den Teebeutel mit 200 ml kochendem Wasser in einer Tasse übergießen und etwa 15 Minuten lang abgedeckt ziehen lassen.
2. Den Beutel entfernen und den Chai zusammen mit der Mandelmilch und den Haferflocken in einen kleinen Kochtopf geben. Kurz aufkochen und anschließend unter gelegentlichem Rühren bei niedriger bis mittlerer Temperatur eindicken lassen, bis eine cremige Konsistenz entstanden ist.
3. Topf von der Herdplatte nehmen und einen Löffel Mandelmus unter das Porridge rühren. Nach Belieben mit etwas Ahornsirup süßen.
4. Währenddessen die Banane karamellisieren: Dazu das Kokosöl zusammen mit dem Ahornsirup und dem Zimt in eine heiße Pfanne geben und bei niedriger bis mittlerer Temperatur so lange erhitzen, bis die Mischung anfängt, schaumig zu blubbern. Die Banane der Länge nach aufschneiden und die Bananenhälften ebenfalls in die Pfanne geben; die Hitze nun noch weiter reduzieren. Die Bananenhälften von jeder Seite etwa 2 Minuten lang karamellisieren lassen – dabei die Bananen immer wieder mit dem Gemisch übergießen.
5. Das Porridge in eine Schüssel füllen und mit den karamellisierten Bananenhälften, einigen Haselnüssen und Schokoladenstücken garnieren.

Schoko-Zoats-Porridge

1 Portion
Pro Portion: 504 kcal / 52,4 g KH / 15,7 g P / 20,9 g F
vegan

100 g Zucchini
50 g Haferflocken, zart
300 ml Mandelmilch
1 kleine Banane
1 EL Kakaopulver
1 EL Chia-Samen

Zum Garnieren:

1 EL Kokosraspel
Verschiedene Früchte oder Beeren (ca. 100 g)

1. Zucchini raspeln und zusammen mit den Haferflocken und der Mandelmilch in einem kleinen Kochtopf bei mittlerer Hitze zum Köcheln bringen.
2. Die Hitze reduzieren und das Ganze unter gelegentlichem Rühren so lange eindicken lassen, bis die gewünschte Konsistenz erreicht ist.
3. In der Zwischenzeit die Banane mit Hilfe einer Gabel zerdrücken.
4. Die Banane, das Kakaopulver sowie die Chia-Samen unter das Porridge rühren.
5. Das fertige Porridge in eine Schüssel füllen und mit Kokosraspeln und frischen Früchten oder Beeren servieren.

Beeriges Kokos-Porridge

Für 1 Portion
Pro Portion: 453 kcal / 76,4 g KH / 13,2 g P / 8,7 g F
vegan, glutenfrei

30 g Quinoa
60 g Amaranth
ca. 270-330 ml Wasser
90 ml Kokos- oder Nussmilch
1 TL Agavensirup
100 g frische Beeren (Heidelbeeren, Brombeeren, Himbeeren)

1. Quinoa und Amaranth heiß waschen.
2. 270 ml Wasser in einem kleinen Topf zum Kochen bringen. Amaranth und Quinoa einrieseln und 25 Minuten auf kleiner Stufe köcheln lassen. Falls das Wasser in den ersten 20 Minuten bereits verkocht sein sollte, noch etwas Wasser hinzufügen.
3. Nach 20 Minuten Kokosmilch und Agavensirup dazugeben und fertig köcheln lassen.
4. Einen Teil der Beeren in einem weiteren Topf erhitzen. Zum Schluss mit den restlichen frischen Beeren auf das Porridge geben.

Orange-Chocolate-Porridge

Für 1 Portion
Pro Portion: 470 kcal / 63,4 g KH / 19,3 g P / 13,3 g F
vegetarisch

250 ml fettarme Milch
1 Prise Salz
70 g Haferflocken, zart (alternativ 50 g Dinkelgrieß)
Saft einer Orange
Orangenschale einer ¼ Orange
1 ½ EL ungesüßter Kakao
1-2 EL Agavendicksaft
100 ml Wasser
Optional mit 1 TL Kakaonibs, Orangenschnitzen oder -schalen garnieren

1. Milch mit einer Prise Salz aufkochen, Haferflocken einrühren.
2. Gepressten Orangensaft, fein geriebene Orangenschale, Kakao sowie Agavendicksaft unterrühren. Mit Wasser aufgießen.
3. Erneut aufkochen lassen, von der Herdplatte nehmen und kurz ziehen lassen.
4. Mit Orangenschalen und Kakaonibs garnieren.

Himbeer-Haferkleie-Bowl

Für 2 Portionen
Pro Portion: 333 kcal / 40,5 g KH / 22,5 g P / 5,9 g F
vegetarisch

250 g Himbeeren
1 EL Flohsamenschalenpulver
50 g Haferkleie
400 ml Mandelmilch
200 ml Wasser
Süße nach Geschmack
250 g Quark
2 EL Knuspermüsli nach Wahl oder selbst gemachtes Granola (siehe S. 24)

1. Die Himbeeren mit dem Flohsamenschalenpulver, der Haferkleie sowie der Mandelmilch und dem Wasser in einen Topf geben und kurz aufkochen. Bei Bedarf noch etwas Wasser und Süße hinzufügen.
2. Mit dem Quark in einer Schüssel anrichten und mit Knuspermüsli bestreuen.

Erdbeer-Quark-Bowl

2 Portionen
Pro Portion: 250 kcal / 30,3 g KH / 17,9 g P / 5,1 g F
vegetarisch

60 g Haferflocken, zart
400 ml Milch oder Milchalternative
2 EL Zucker oder Xylit
200 g Quark
2 Erdbeeren
2 EL Müsli oder selbst gemachtes Granola
Optional mit Schokoherzen verfeinern

1. Haferflocken mit 250 ml Milch in einen Topf geben. Unter gelegentlichem Rühren aufkochen lassen.
2. Sobald die Haferflocken die komplette Flüssigkeit aufgesaugt haben, die restliche Milch und das Süßungsmittel hinzufügen. Herdplatte ausstellen und noch ca. 5 Minuten ziehen lassen. Gelegentlich umrühren.
3. Noch 5 Minuten etwas herunterkühlen lassen und dann den Quark unterrühren. Je nach gewünschter Konsistenz evtl. noch 1 bis 2 EL Milch oder Wasser einrühren.
4. Nach Belieben mit Erdbeeren, Müsli und Schokoherzen toppen.

Rooibos-Orange-Porridge

1 Portion
Pro Portion: 410 kcal / 57,8 g KH / 13,1 g P / 11,4 g F
vegan

1 Beutel Rooibos-Tee
200 ml Wasser
100 ml Orangensaft
70 g Haferflocken, zart
je ¼ TL Zimt und Vanillepulver

Zum Garnieren:

1 Clementine oder Mandarine
1 EL Kakaonibs oder Kakaopulver
1 EL grob zerkleinerte Mandeln

1. Den Rooibos-Teebeutel in einer Tasse mit 200 ml kochendem Wasser übergießen und 15 Minuten lang abgedeckt ziehen lassen.
2. In einen kleinen Kochtopf den fertigen Tee, den Orangensaft und die Haferflocken geben und alles kurz aufkochen. Anschließend bei geringer Hitze und unter häufigem Umrühren bis zur gewünschten Konsistenz leicht köcheln lassen.
3. Das Porridge mit Zimt und Vanillepulver abschmecken und mit Clementinenstückchen, Kakaonibs und Mandeln garnieren.

Blaubeer-Mandel-Porridge

1 Portion
Pro Portion: 505 kcal / 79 g KH / 20,6 g P / 9,8 g F
vegetarisch

250 ml Mandelmilch oder Milchalternative
60 g Haferflocken, zart
1 Prise Salz
½ TL Zimt
1 EL Honig oder Süßungsmittel nach Wahl
100 g Heidelbeeren
2 EL gepuffte Quinoa

1. Mandelmilch in einen Topf gießen.
2. Haferflocken, Salz, Zimt und Honig einrühren und zum Kochen bringen. Die Hitze reduzieren und unter häufigem Umrühren bis zur gewünschten Konsistenz eindicken lassen.
3. Währenddessen Heidelbeeren waschen und abtropfen lassen.
4. Gepuffte Quinoa in einer Pfanne ohne Fett 10 bis 20 Sekunden rösten.
5. Porridge in eine Schüssel füllen und mit Heidelbeeren und gerösteter Quinoa anrichten.

Deftiges Porridge und Oatmeal

Tomaten-Feta-Porridge

1 Portion
Pro Portion: 575 kcal / 60,8 g KH / 25,4 g P / 24,7 g F
vegetarisch, glutenfrei

30 g Zwiebeln
1 TL Öl
300 ml Tomatensaft
65 g Buchweizenflocken
1 Prise Salz, Pfeffer und italienische Kräuter
2 frische Tomaten
1 EL Kochsahne
70 g Feta
Optional: Gemüse oder Hülsenfrüchte nach Belieben, z. B. 100 g Kidneybohnen und Mais

1. Zwiebeln mit etwas Öl in einem Topf anrösten.
2. Mit dem Tomatensaft ablöschen und aufkochen lassen.
3. Buchweizenflocken einrühren und auf kleiner Stufe unter Rühren andicken lassen.
4. Tomaten waschen, stückeln und dazugeben.
5. Das Porridge mit Salz, Pfeffer und italienischen Kräutern würzen und umrühren, bis eine cremige Konsistenz entsteht.
6. Kochsahne hinzufügen
7. Feta zerkleinern, das Porridge in eine Schale füllen und mit dem Feta vermischen.

Tipp:
Lässt sich nach Belieben mit Gemüse oder Hülsenfrüchten kombinieren, z. B. Mais, Kidneybohnen, Paprika.

Quinoa-Gemüse-Porridge

1 Portion
Pro Portion: 571 kcal / 76,7 g KH / 25,6 g P / 15,2 g F
vegan, glutenfrei

300 ml Wasser
1 TL Gemüsebrühepulver
1 Karotte
80 g frische Bohnen oder (TK-)Erbsen
½ Zwiebel
65 g Quinoaflocken
140 g Mais (eine kleine Dose)
1 Prise Salz, Pfeffer
1 EL Salatkerne
1 kleine Tomate

1. Wasser in einem Topf zum Kochen bringen und Gemüsebrühepulver auflösen.
2. Karotte waschen, schälen und in kleine Würfel schneiden.
3. Bohnen waschen und klein schneiden.
4. ½ Zwiebel schälen und in kleine Würfel schneiden.
5. Quinoaflocken, Bohnen und Karotten hinzufügen und auf niedriger Hitze andicken lassen.
6. Mit Salz und Pfeffer würzen und rühren, bis eine cremige Konsistenz entsteht.
7. Mais durchspülen und unter das Quinoa-Porridge heben.
8. In einer Schale anrichten und mit Salatkernen und Tomate garnieren.

Curry-Porridge

Für 6 Portionen
Pro Portion: 341 kcal / 29,8 g KH / 21,3 g P / 13,7 g F

300 g Zucchini
1 gelbe Paprika
1 rote Paprika
300 g Karotten
1 Zwiebel
200 g Haferflocken, zart
200 ml Kokosmilch
800 ml Wasser
2 EL Currypulver
1 EL Olivenöl
400 g Geschnetzeltes vom Schwein oder vom Huhn
1 Bund frischer Koriander
1 EL Salz
1 Prise Pfeffer

1. Zucchini und Paprikaschoten waschen und in kleine Würfel schneiden.
2. Karotten und Zwiebel schälen und würfeln.
3. Haferflocken mit Kokosmilch, Wasser und Currypulver in einen hohen Topf geben und bei mittlerer Stufe köcheln lassen.
4. Eine Pfanne mit Olivenöl erhitzen und die Zwiebel andünsten.
5. Fleisch hinzugeben, mit Salz und Pfeffer würzen und von allen Seiten scharf anbraten. Das Fleisch aus der Pfanne holen.
6. Koriander waschen, trockenschütteln und klein hacken.
7. In der gleichen Pfanne das Gemüse kurz andünsten. Gehackten Koriander unterheben und mit Salz und Pfeffer abschmecken.
8. Curry-Porridge mit Gemüse und Fleisch in Schüsseln anrichten oder alles zusammen in die Pfanne geben und vermengen.

Buchweizen-Porridge mit Gemüse

Für 2 Portionen
Pro Portion: 431 kcal / 81,1 g KH / 17,6 g P / 3,3 g F
vegan, glutenfrei

200 g Buchweizen
300 ml Gemüsebrühe
1 Zucchini
1 rote Paprika
250 g braune Champignons
1 kleine rote Zwiebel
1 TL Petersilie (TK)

1. Buchweizen in der Gemüsebrühe 16 Minuten köcheln lassen. Bei Bedarf etwas Wasser nachfüllen.
2. Zucchini und Paprika waschen und in Scheiben schneiden.
3. Champignons putzen und ebenfalls in Scheiben schneiden.
4. Zwiebel schälen und in dünne Ringe schneiden. Das Gemüse auf einem Kontaktgrill grillen oder in einer Pfanne anrösten.
5. Zum Schluss das gegrillte Gemüse und die Petersilie auf dem Buchweizenbrei anrichten.

Quinoa-Avocado-Bowl

2 Portionen
Pro Portion: 605 kcal / 58 g KH / 17,6 g P / 31,4 g F
vegetarisch, glutenfrei

160 g Quinoa
400 ml Wasser
½ TL Gemüsebrühe
1-2 Eier
20 g Pinienkerne
100 g frischer Babyspinat
1 Knoblauchzehe
1 TL Olivenöl
1 Avocado
Salz, Pfeffer

1. Quinoa heiß waschen und anschließend in die kochende Gemüsebrühe geben, 15 Minuten köcheln lassen, danach vom Herd nehmen. Das Wasser sollte jetzt fast komplett verkocht sein. Quinoa noch weitere 5 Minuten offen quellen lassen.
2. Währenddessen die Eier 5 Minuten weich kochen.
3. Pinienkerne anrösten.
4. Spinat waschen.
5. Knoblauchzehe schälen. Das Olivenöl in einer Pfanne auf mittlere Stufe erhitzen und den gepressten Knoblauch dazugeben. Kurz anschwitzen. Herd auf niedrige Temperatur schalten und die Hälfte des Spinats und einen Schuss Wasser hinzufügen. Den Spinat zusammenfallen lassen, salzen und pfeffern.
6. Avocado aus der Schale entfernen und in Scheiben schneiden.
7. Zum Schluss den frischen Spinat auf 2 Schüsseln verteilen, Quinoa daraufgeben und mit den festlichen Zutaten belegen.

Mediterranes Porridge

Für 6 Portionen
Pro Portion: 337 kcal / 34,2 g KH / 18,2 g P / 12,9 g F
vegetarisch

2 Zucchini
1 Aubergine
1 gelbe Paprika
2 Pastinaken
3 Karotten
1 Zwiebel
200 g Haferflocken, zart
300 g passierte Tomaten
400 g stückige Tomaten (Dose)
500 ml Wasser
1 EL Salz
1 EL Olivenöl
Salz, Pfeffer, Knoblauch
100 ml Milch
1 EL Oregano
250 g Feta
Frische Petersilie

1. Zucchini, Aubergine und Paprika waschen und in kleine Würfel schneiden.
2. Pastinaken und Karotten schälen, waschen und klein schneiden.
3. Die Zwiebel schälen und würfeln.
4. Die Haferflocken mit den passierten Tomaten, den stückigen Tomaten sowie dem Wasser in einen hohen Topf geben und auf mittlerer Stufe köcheln lassen. 1 EL Salz hinzugeben.
5. Eine Pfanne mit Olivenöl erhitzen und die Zwiebel darin andünsten. Die Zucchini- und Auberginenwürfel dazugeben und gut anbraten. Etwas Salz, Pfeffer und Knoblauch hinzugeben.
6. Nun das restliche Gemüse unterheben und ca. 5 bis 10 Minuten dünsten.

7. Die Haferflocken im Auge behalten und ggf. immer wieder etwas Wasser hinzugeben.
8. Das Porridge mit Milch und Oregano abschmecken.
9. Feta klein schneiden.
10. Das Tomaten-Porridge mit dem Gemüse und dem Feta in einer Schüssel anrichten.
11. Petersilie waschen, trockenschütteln, hacken und auf dem Porridge verteilen.

Tomaten-Hirse-Porridge

1 Portion

Pro Portion: 506 kcal / 71,5 g KH / 14,9 g P / 16,1 g F

vegan, glutenfrei

75 g Hirse
150 ml Gemüsebrühe
1 Zwiebel
1 EL Öl
3 Tomaten
1-2 EL Tomatenmark
1-2 Msp. Pfeffer gemahlen
1 Prise Salz
1 Prise Zucker
Kräuter nach Belieben

1. Hirse mit der Gemüsebrühe in einem Topf ca. 10 Minuten köcheln lassen und anschließend nochmals 10 Minuten bei niedriger Hitze quellen lassen, dabei gelegentlich umrühren.
2. Währenddessen die Zwiebel hacken und in einer Pfanne mit etwas Öl dünsten.
3. Die Tomaten würfeln und zusammen mit dem Tomatenmark und der Hirse zu den Zwiebeln geben.
4. Mit den Gewürzen und etwas Zucker abschmecken und mit den Kräutern servieren.

Couscous-Bowl

2 Portionen
Pro Portion: 372 kcal / 64,4 g KH / 13 g P / 4,8 g F
vegan

1 gelbe Paprika
1 mittelgroße Zucchini
1 Karotte
1 Knoblauchzehe
200 g Datteltomaten
6 Blatt frisches Basilikum
1 TL Olivenöl
300 ml Gemüsebrühe
150 g Couscous
Salz, Pfeffer

1. Paprika und Zucchini waschen und in kleine Stücke schneiden.
2. Karotte schälen und fein würfeln.
3. Knoblauch schälen.
4. Tomaten waschen und vierteln.
5. Basilikum waschen und trockenschütteln.
6. In einer tiefen Pfanne das Olivenöl erhitzen, Paprika, Zucchini und Karotten 5 Minuten andünsten. Zum Schluss den gepressten Knoblauch dazugeben.
7. Gemüsebrühe dazugeben und kurz aufkochen lassen.
8. Couscous einrieseln, gut umrühren und die Pfanne vom Herd nehmen. 5 Minuten quellen lassen. Mit Salz und Pfeffer abschmecken.
9. Tomaten und Basilikum unterheben.

Porridge Asia-Style

Für 6 Portionen
Pro Portion: 350 kcal / 32,4 g KH / 27,9 g P / 10,3 g F

1 Bund Frühlingszwiebeln
1 grüne Paprika
1 rote Paprika
250 g Karotten
300 g Chinakohl
150 g Champignons
150 g Ananas
200 g Haferflocken, zart
200 ml Kokosmilch
800 ml Wasser
1 EL Salz
1 EL Olivenöl
500 g Hähnchengeschnetzeltes
Gehackter Koriander
190 g Mungobohnensprossen
190 g Bambussprossen
Salz, Pfeffer zum Abschmecken
Essig und Süßstoff nach Belieben

1. Frühlingszwiebeln und Paprikaschoten waschen und in kleine Ringe bzw. Würfel schneiden.
2. Karotten schälen und würfeln.
3. Chinakohl in dünne Streifen schneiden.
4. Champignons säubern und ebenfalls in dünne Scheiben schneiden.
5. Ananas in mundgerechte Stücke zerkleinern.
6. Haferflocken mit der Kokosmilch, dem Wasser sowie dem Salz in einen hohen Topf geben und bei mittlerer Stufe köcheln lassen.
7. Eine Pfanne mit Olivenöl erhitzen und zwei Drittel der Frühlingszwiebeln andünsten. Das Fleisch hinzugeben, dann mit Salz und Pfeffer würzen und von allen Seiten scharf anbraten. Das Hähnchen aus der Pfanne nehmen.

8. In der gleichen Pfanne die Pilze scharf anbraten.
9. Chinakohl dazugeben und andünsten.
10. Nach und nach das restliche Gemüse hinzugeben, den gehackten Koriander und die abgetropften Mungobohnensprossen sowie die Bambussprossen unterheben.
11. Ananas unterrühren und mit Salz und Pfeffer und ggf. Essig und Süßungsmittel abschmecken.
12. Anschließend mit dem Gemüse und dem Fleisch anrichten. Die restlichen Frühlingszwiebeln darüberstreuen.

Herzhaftes Oatmeal mit Käse und Spiegelei

1 Portion
Pro Portion: 558 kcal / 34,6 g KH / 24,5 g P / 34,5 g F
vegetarisch

250 ml Wasser
50 g Haferflocken, zart
1 Teelöffel Kokosöl
1 Ei
30 g geriebener Käse nach Wahl, z. B. Cheddar oder Gouda
Salz, Pfeffer

Optionale Toppings:

1 Frühlingszwiebel
Etwas Schnittlauch
1 Tomate
15 g gehackte Walnüsse

1. Wasser in einem Topf zum Kochen bringen. Haferflocken hinzugeben und die Hitze auf mittlere Stufe reduzieren. Gelegentlich umrühren.
2. Kokosöl in einer Pfanne erhitzen und das Ei anbraten, bis das Eiweiß gestockt, aber das Eigelb noch flüssig ist.
3. Sobald die Haferflocken eingedickt sind, den geriebenen Käse hinzugeben, umrühren und mit den Gewürzen abschmecken.
4. Frühlingszwiebel und Schnittlauch waschen und in Röllchen schneiden.
5. Tomate waschen und in Würfel schneiden.
6. Porridge in eine Schüssel füllen und mit dem Spiegelei, Frühlingszwiebel, Schnittlauch und Tomatenwürfeln anrichten.
7. Mit gehackten Walnüssen bestreuen.

Buchweizen-Gemüse-Bowl

1 Portion
Pro Portion: 522 kcal / 25,5 KH / 5,9 g P / 13,5 g F
vegetarisch, glutenfrei

50 g Buchweizengrütze
120 ml Gemüsebrühe
300 ml Wasser
2 Karotten
4 Brokkoliröschen
15 g Butter
Salz, Pfeffer sowie weitere Gewürze nach Wahl
1 Bund frischer Koriander
½ Avocado

1. Buchweizen in einem Topf ohne Fett leicht braun anbraten.
2. Gemüsebrühe hinzugeben und aufkochen lassen. Anschließend die Hitze auf kleine Stufe reduzieren und den Buchweizen 15 Minuten quellen lassen.
3. In der Zwischenzeit Gemüse waschen, klein schneiden, mit Wasser und Salz in einen Topf geben und garen, bis es noch leicht bissfest ist.
4. Butter und das gegarte Gemüse in das Buchweizen-Porridge geben und mit Salz und Pfeffer abschmecken.
5. Koriander waschen, trockenschütteln und klein hacken.
6. Avocado in Scheiben schneiden.
7. Das Buchweizen-Porridge in eine Schüssel umfüllen und mit den Avocado-Scheiben und dem Koriander anrichten.

Kürbis-Hirse-Porridge

1 Portion
Pro Portion: 312 kcal / 44,8 g KH / 9,6 g P / 10,1 g F
vegan, glutenfrei

150 g Hokkaido-Kürbis
300 ml Wasser
200 ml Gemüsebrühe
100 g Schnellkochhirse
1 Prise Muskatnuss gemahlen
1 Prise Nelken gemahlen
1-2 Msp. Pfeffer gemahlen
1 Prise Salz
2 EL gehackte Mandeln
Minzblätter

1. Kürbis würfeln und in einem Topf mit Wasser ca. 10 Minuten weich garen.
2. Die Hälfte des Kürbis pürieren und den Rest beiseitestellen.
3. Kürbispüree mit Gemüsebrühe, Hirse und den Gewürzen in einem Topf vermengen, aufkochen und ca. 5 bis 10 Minuten köcheln lassen.
4. Sobald die Hirse aufgequollen ist, das Ganze noch einmal mit den Gewürzen abschmecken und mit den restlichen Kürbiswürfeln, Mandeln und frischer Minze servieren.

Overnight Oats – die rohe Porridge-Variante

Morgens keine Zeit zum Kochen? Auch wer seinen Tag unter chronischem Zeitdruck beginnt, muss deshalb auf ein gesundes Frühstück nicht verzichten! So kann nicht nur mit viel Energie in den Tag gestartet und der Stoffwechsel in Schwung gebracht werden, sondern auch an warmen Tagen eine leckere Alternative zur gekochten Porridge-Variante gezaubert werden. Praktischer Bonus: Die cremigen Overnight Oats lassen sich gut vorbereiten, mitnehmen und unterwegs oder auf der Arbeit genießen.

Overnight Oats sind rohe, über Nacht in Flüssigkeit eingeweichte Haferflocken. So bekommen sie eine cremige, porridgeähnliche Konsistenz. Die gesunden Flocken lassen sich auch in ihrer ungekochten Variante prima mit Obst und Gewürzen verfeinern.

Overnight Oats – die Zubereitung

Besonders einfach und die optimale Lösung auch für Morgenmuffel und Langschläfer: Die Haferflocken (oder Flocken nach Wahl, z. B. Reis- bzw. Sojaflocken) werden einfach über Nacht in einem verschlossenen Behälter in Flüssigkeit eingeweicht. Die Wahl der Flüssigkeit ist auch hier nur abhängig von den persönlichen Vorlieben. Die zarten oder kernigen Haferflocken, Schmelzflocken oder glutenfreien Flocken quellen in normaler Milch, Wasser oder Joghurt genauso gut wie in Reis-, Soja- oder Mandelmilch.

Overnight Oats – ein simples Grundrezept

50 g Haferflocken und
150 ml Flüssigkeit

Nach Wunsch kann man die Mengen anpassen, je nachdem, wie »fest« die Overnight Oats werden sollen.
Für die Zubereitung die Haferflocken in ein verschließbares Gefäß geben, Flüssigkeit hinzufügen, gut vermengen und verschlossen in den Kühlschrank stellen. Über Nacht saugen die Haferflocken die Flüssigkeit auf, quellen und es entsteht ein leckerer cremiger, roher Porridge.
Am nächsten Morgen können die Overnight Oats nach Belieben mit Honig, Ahornsirup, Früchten, Nüssen, Kokosflocken, Chia-Samen oder Leinsamen oder Gewürzen wie Vanille, Zimt, Kakao oder Lebkuchengewürz verfeinert werden. Auch hier sind der Kreativität keine Grenzen gesetzt.

Ein paar schnelle Varianten:

Schoko-Nuss-Oats

Grundrezept toppen mit
1 TL Kakaopulver
1 EL Schokostücken
1 EL gehackten Nüssen

Himbeer-Oats

Grundrezept mit
1 EL geriebener weißer Schokolade
100 g Himbeeren

Karibik-Oats

Grundrezept mit
1 EL Kokosflocken
100 g Ananas gewürfelt

Birne-Walnuss-Oats

Grundrezept mit
1 EL Walnüsse gehackt
1 Birne gewürfelt

Overnight-Oats-Baukasten

Auch für Overnight Oats gibt es zahlreiche Kombinationsmöglichkeiten. Der Overnight-Oats-Baukasten möchte Sie zum Ausprobieren eigener Variationen anregen.

Basis	Getreideflocken wie Haferflocken Glutenfreie Flocken von Reis oder Pseudogetreide
Flüssigkeit	Milch, Pflanzenmilch, Saft, Smoothies, Wasser, Tee
Zum Einrühren und/oder Einweichen	Getrocknete Früchte, z. B. Rosinen, Aprikosen Gemahlene oder gehackte Mandeln, Nüsse, Superfoods Samen wie Chia-Samen und Leinsamen
Süßen, würzen und verfeinern	Zimt, Zucker oder anderes Süßungsmittel Mandelmus, Cashewmus usw. Gewürze Kräuter, z. B. Minze
Topping	Obst und Püree aus Früchten Getrocknete Früchte, z. B. Rosinen, Aprikosen Nüsse und Kerne gemahlen, gehackt, geröstet Superfoods und Samen wie Chia-Samen und Leinsamen Granola Kokosflocken

Auch lecker:

Die Overnight Oats kurz in die Mikrowelle geben und warm genießen.

Brownie-Oats

1 Portion

Pro Portion: 430 kcal / 51,1 g KH / 16,1 g P / 15,5 g F
vegetarisch

50 g Haferflocken, zart
150 ml Milch oder Milchalternative
1 EL Kakaopulver
1 EL Ahornsirup oder Süßungsmittel nach Wahl
Optional: 1 TL Erdnussbutter

Für das Topping:

1 TL Schokostücke oder Kakaonibs
1 TL Kokosraspel
1 TL Chia-Samen

1. Haferflocken, Milch, Kakaopulver, Ahornsirup und Erdnussbutter in einem Glas vermischen. Verschlossen über Nacht in den Kühlschrank stellen.
2. Am nächsten Morgen noch mal gut durchrühren und mit Schokostücken, Kokosraspeln und Chia-Samen toppen.

Himbeertraum

1 Portion
Pro Portion: 342 kcal / 53 g KH / 9,5 g P / 5,5 g F
vegan

50 g Haferflocken, zart
150 ml Kokosmilch
200 g Himbeeren
1 EL Ahornsirup oder Süßungsmittel nach Wahl

1. 100 g Himbeeren waschen und pürieren.
2. Haferflocken, Kokosmilch, Ahornsirup und Himbeerpüree in einem Glas vermischen. Verschlossen über Nacht in den Kühlschrank stellen.
3. Am nächsten Morgen alles noch mal gut durchrühren.
4. Die restlichen 100 g Himbeeren waschen und trockentupfen und die Overnight Oats damit toppen.

Bananen-Mandel-Oats

1 Portion
Pro Portion: 350 kcal / 53,6 g KH / 9,5 g P / 9 g F
vegan

50 g Haferflocken, zart
150 ml Mandelmilch
1 TL weißes Mandelmus
1 Banane

1. Haferflocken, Mandelmilch und weißes Mandelmus in einem Glas vermischen. Verschlossen über Nacht in den Kühlschrank stellen.
2. Am nächsten Morgen alles noch mal gut durchrühren.
3. Banane schälen und in Scheiben schneiden. Ein paar Bananenscheiben in die Oats heben und mit den restlichen Scheiben toppen.

Goldene-Milch-Oats

1 Portion

Pro Portion: 548 kcal / 66,3 g KH / 14,5 g P / 20,5 g F

vegan

Für die goldene Milch:

300 ml Mandelmilch
¾ TL Kurkuma, gemahlen
¼ TL Zimt, gemahlen
⅛ TL Kardamom, gemahlen
½ TL frisch geriebener Ingwer
⅛ TL schwarzer Pfeffer
½ EL Kokosöl
1 EL Ahornsirup

Für die Oats:

70 g Haferflocken, zart
1 EL Chia-Samen
100 g frische Beeren oder Granatapfelkerne zum Garnieren

1. Zuerst die goldene Milch herstellen: Dazu die Mandelmilch mit allen Gewürzen in einen kleinen Topf geben und unter gelegentlichem Rühren vorsichtig erwärmen, jedoch nicht kochen lassen! Das Kokosöl in der warmen Gewürzmilch auflösen und mit etwas Ahornsirup abschmecken. Die goldene Milch zum Abkühlen etwa 10 Minuten lang zur Seite stellen.
2. Haferflocken mit Chia-Samen vermengen.
3. Nun die goldene Milch über die Haferflocken-Chia-Mischung gießen und mit Hilfe einer Gabel alles gründlich vermischen.
4. Die Schüssel mit einer Folie abdecken und für mehrere Stunden – am besten über Nacht – in den Kühlschrank stellen.
5. Vor dem Servieren z. B. mit Granatapfelkernen, frischen Beeren oder Früchten garnieren.

Cremige Bananen-Erdbeer-Oats

2 Portionen
Pro Portion: 282 kcal / 42,4 g KH / 12,1 g P / 5,4 g F
vegetarisch

100 g Haferflocken, zart
300 ml Milch oder Milchalternative
150 g Joghurt
3 große Erdbeeren
½ Banane
Optional: Erdbeerpüree oder -soße nach Belieben

1. Die Haferflocken auf 2 Gläser verteilen und jeweils 150 ml Milch darübergießen. Über Nacht im Kühlschrank ziehen lassen.
2. Am nächsten Tag mit Joghurt, Erdbeeren und Banane toppen. Nach Geschmack mit etwas Erdbeersoße übergießen und genießen.

Mango-Granola-Oats

1 Portion
Pro Portion: 419 kcal / 49,9 g KH / 15,4 g P / 14,7 g F
vegetarisch

40 g Granola (siehe S. 24) oder Müslimischung
200 g Joghurt oder Sojajoghurt
1 EL Chia-Samen
½ Mango
Optional: 50 g gemischte Beeren, Minze

1. Granola in ein Glas füllen.
2. Chia-Samen in 150 g Joghurt einrühren und auf das Granola geben. 50 g Joghurt werden am nächsten Tag für das cremige Fruchttopping benötigt. Glas verschließen und über Nacht kühl stellen.
3. Am nächsten Morgen die Mango schälen und würfeln. Ein paar Mangowürfel für das Topping zur Seite legen. Das restliche Fruchtfleisch zusammen mit den vom Vortag zurückbehaltenen 50 g Joghurt pürieren. Als Topping einschichten.
4. Mit bunten Beeren, den Mangowürfeln und ein paar Minzeblättern anrichten.

Bircher Oats

2 Portionen
Pro Portion: 569 kcal / 78 g KH / 20,4 g P / 16,6 g F
vegetarisch

250 g Joghurt
180 ml Milch
1 EL Honig oder Agavendicksaft
120 g Haferflocken, zart
1 Prise Zimt
1 Apfel
30 g Rosinen (wahlweise getrocknete Datteln oder Sauerkirschen)
1-2 EL gehackte Nüsse
1-2 EL Milch
½ Banane

1. Joghurt mit Milch und Honig glatt rühren.
2. Haferflocken und Zimt hinzufügen.
3. Apfel waschen und halbieren. Die eine Hälfte raspeln und untermischen, die andere Hälfte wird am nächsten Tag als Topping verwendet (im Kühlschrank aufbewahren).
4. Rosinen und Nüsse hinzugeben und über Nacht in den Kühlschrank stellen.
5. Am nächsten Tag noch etwas Milch bis zur gewünschten Konsistenz hinzugeben. Mit ½ Banane und dem restlichen Apfel toppen.

Tipp:

Der geraspelte Apfel kann auch erst am Tag der Zubereitung frisch dazugegeben werden!

Walnuss-Feigen-Oats

1 Portion
Pro Portion: 361 kcal / 46,6 g KH / 9,7 g P / 13,4 g F
vegan

50 g Haferflocken, zart
120 ml Mandelmilch
1 TL Ahornsirup oder Süßungsmittel nach Wahl
1 Msp. Vanillepulver
1 Msp. Zimt

Für das Topping:

1 TL Cranberrys
1 EL Walnüsse
1 Feige

1. Alle Porridge-Zutaten in ein Glas füllen, gut verrühren und verschließen. Über Nacht quellen lassen.
2. Am nächsten Morgen Walnüsse hacken, die Feige waschen und halbieren.
3. Gehackte Walnüsse und Cranberrys auf die Overnight Oats streuen, die Feigenhälften darauflegen.

Karotten-Mandel-Oats

1 Portion
Pro Portion: 418 kcal / 45,9 g KH / 11,1 g P / 18,9 g F
vegan

½ Karotte (ca. 50 g)
50 g Haferflocken, zart
1 EL gemahlene Mandeln
1 EL Kokosflocken
200 g Mandelmilch oder Milchalternative
1 EL Agavendicksaft oder Süßungsmittel nach Wahl
1 Msp. Vanillepulver
1 Prise Salz
Optional: Rosinen oder Nüsse

1. Karotte waschen, schälen und sehr fein raspeln.
2. Alle Zutaten in einem verschließbaren Gefäß vermischen und über Nacht quellen lassen.
3. Am nächsten Morgen gut umrühren, nach Belieben mit weiteren Karottenraspeln und Rosinen oder Nüssen servieren.

Tipp:

Mandelsplitter oder gehackte Walnüsse als Topping.

Apfelstrudel-Oats

2 Portionen
Pro Portion: 377 kcal / 57,9 g KH / 11,9 g P / 8,4 g F
vegetarisch

100 g Haferflocken, zart
200 ml Milch oder Milchalternative
100 ml Apfelsaft
1 TL Zimt
1 Prise Salz
1 Apfel
2 EL Rosinen
1 EL gehackte Mandeln

1. Haferflocken, Milch, Apfelsaft, Zimt und Salz in ein Glas geben, umrühren und verschlossen in den Kühlschrank stellen.
2. Am nächsten Morgen noch mal gut verrühren und auf 2 Schüsseln verteilen.
3. Apfel waschen, in Schnitze schneiden und Oats damit belegen.
4. Mit Rosinen, gehackten Mandeln und Zimt bestreuen.

Gebackenes Porridge und Oatmeal

Gebackenes Blaubeer-Kokos-Porridge

Für 4 Portionen
Pro Portion: 364 kcal / 51,1 g KH / 10,8 g P / 11,2 g F
vegetarisch

240 g Haferflocken, zart
½ TL Backpulver
1 Prise Salz
1 Ei
310 g Apfelmus ungesüßt
1 EL Kokosöl
3 EL Milch
10 g Kokoschips
10 g gehobelte Mandeln
80 g Blaubeeren
1 TL Kokosöl zum Einfetten der Backform
1 Handvoll frische Blaubeeren und jeweils 1 EL Kokoschips und gehobelte Mandeln zum Dekorieren

1. Backofen auf 180 °C Umluft vorheizen.
2. Zutaten der Reihe nach miteinander vermischen.
3. Eine ofenfeste Back-/Auflaufform (ca. 20 × 20 cm) mit Kokosöl einfetten.
4. Die Haferflockenmasse gleichmäßig darin verteilen und leicht andrücken.
5. Ca. 15 bis 20 Minuten backen. Auskühlen lassen.
6. Mit Blaubeeren, Kokoschips und Mandeln garnieren.

Gebackenes Banane-Erdbeer-Oatmeal

4 Portionen
Pro Portion: 448 kcal / 41,6 g KH / 12,5 g P / 24,7 g F
vegetarisch

2 EL flüssige Butter
400 ml Milch
1 Ei
¼ TL Vanillepulver
½ TL Zimt
2 EL Honig
150 g Haferflocken, zart
1 Banane
120 g Erdbeeren
60 g Pekannüsse

1. Backofen auf 180 °C Ober-/ Unterhitze vorheizen.
2. 1 EL der Butter mit der Milch, dem Ei, Vanillepulver, Zimt und Honig verquirlen.
3. Haferflocken hinzugeben und alles gut verrühren.
4. Banane und Erdbeeren in Scheiben schneiden.
5. Eine flache ovale Auflaufform (ca. 24 cm Länge) mit etwas Öl bepinseln und die Oatmeal-Masse mit der Hälfte der Pekannüsse und des Obsts in der Form vermischen.
6. Dann das restliche Obst und die restlichen Pekannüsse auf dem Oatmeal verteilen und anschließend mit der übrigen Butter beträufeln.
7. Nun kommt das Oatmeal für ca. 30 bis 40 Minuten in den Ofen, bis es goldbraun ist.

Fruity Baked Oatmeal

4 Portionen
Pro Portion: 526 kcal / 66,8 g KH / 17,6 g P / 16,2 g F
vegetarisch

1 Apfel
1 Nektarine
100 g gemischte Beeren
500 ml Milch
100 ml Apfelmark oder Apfelmus
¼ TL Vanillepulver
1 TL Zimt
1 EL Honig (nach Geschmack)
250 g Haferflocken, zart
2 EL Chia-Samen
3 EL gehackte Nüsse
3 EL Trockenfrüchtemischung
Öl

1. Backofen auf 180 °C Umluft vorheizen.
2. Das Obst klein schneiden.
3. In einer Schüssel die Milch mit Apfelmark, Vanillepulver, Zimt und Honig verquirlen.
4. Haferflocken mit Chia-Samen, Nüssen und Trockenfrüchten zu der Milchmischung geben und alles gut verrühren.
5. Apfel- und Nektarinenstücke unterheben.
6. Eine Auflaufform (ca. 20 × 20 cm) mit etwas Öl bepinseln, das Oatmeal hineinfüllen, die Beeren eindrücken und alles ca. 30 Minuten goldbraun backen.

Birne-Walnuss-Porridge aus dem Backofen

2 Portionen
Pro Portion: 423 kcal / 44,9 g KH / 14,3 g P / 19,3 g F
vegetarisch

1 Ei
½ Banane
300 ml Milch
1 Msp. Vanillepulver
½ TL Zimt
1-2 TL Honig (nach Geschmack)
50 g Haferflocken, zart
½ TL Backpulver
½ EL Chia-Samen
1 EL gehackte Walnüsse
1 EL Rosinen
½ Birne
1 TL flüssige Butter
Öl

1. Backofen auf 180 °C Ober-/ Unterhitze vorheizen.
2. Das Ei trennen.
3. ½ Banane zerdrücken und mit dem Eigelb, der Milch, Vanillepulver, Zimt und Honig verquirlen.
4. Haferflocken mit dem Backpulver vermischen und gemeinsam mit den Chia-Samen, den Walnüssen und den Rosinen zu der Milchmischung geben. Alles gut verrühren und ca. 5 Minuten quellen lassen.
5. Währenddessen die halbe Birne in Scheiben schneiden.
6. Das Eiklar steif schlagen und unter das Oatmeal heben.
7. Eine ofenfeste Back-/Auflaufform (ca. 18 cm Durchmesser) mit etwas Öl bepinseln und das Oatmeal hineingeben.
8. Die geschnittene Birne darauf verteilen und alles mit der Butter beträufeln.
9. Nun kommt das Oatmeal für ca. 25 bis 30 Minuten bis zur gewünschten Bräunung in den Ofen.

Porridge und Oatmeal mal anders

Pancakes, Waffeln, Cookies, Bällchen, Riegel, Muffins, Mugcake, Pizza

Schokoladen-Porridge-Pancakes

2 Portionen
Pro Portion: 308 kcal / 43,9 g KH / 9,4 g P / 8,4 g F
vegetarisch

- 60 g Haferflocken, zart
- 1 TL Chia-Samen
- ½ TL Backpulver
- 1 EL ungesüßter Kakao
- 1 mittelgroße reife Banane
- 120 ml Milch
- ½ TL Kokosöl
- 1 EL Agavendicksaft zum Garnieren

1. Haferflocken, Chia-Samen, Backpulver und Kakao miteinander vermischen.
2. Banane mit einer Gabel zerdrücken, zu den trockenen Zutaten geben. Milch unterrühren.
3. Kokosöl bei mittlerer Temperatur in einer Pfanne erhitzen. Mit jeweils 2 EL des Teiges Pancakes formen und diese ca. 1 bis 2 Minuten beidseitig backen.
4. Je nach Belieben mit Agavendicksaft garnieren.

Porridge-Waffeln mit Blaubeeren

2 Portionen
Pro Portion: 326 kcal / 40,3 g KH / 12,4 g P / 13 g F
vegetarisch

80 g gemahlene Haferflocken
1 EL Leinsaat geschrotet
1 ½ EL Zucker oder Xylit
1 Ei
100 ml Milch
30 g Heidelbeeren
10 g Schokoladendrops oder Schokolade
Kokosöl zum Einfetten des Waffeleisens

1. Den Backofen auf 180 °C Umluft vorheizen.
2. Sämtliche Zutaten bis auf die Heidelbeeren und Schokoladendrops miteinander vermengen.
3. Waffeleisen einfetten und 3 Waffeln herausbacken. Alternativ Waffeln in einer Silikonform für ca. 10 Minuten bei 180 °C Umluft im Backofen zubereiten.
4. Währenddessen Schokoladendrops im Wasserbad schmelzen.
5. Waffeln mit Heidelbeeren und der flüssigen Schokolade dekorieren.

Schoko-Hafer-Kekse

Für ca. 30 Stück
Pro Stück: 101 kcal / 5,3 g KH / 1,8 g P / 5,3 g F
vegetarisch

130 g Butter
100 g Zucker oder Süßungsmittel nach Wahl
120 g Haferflocken
150 g Weizenmehl oder Dinkelmehl Typ 630
1 TL Backpulver
1 Prise Salz
2 Eier
1 TL Vanillearoma, alternativ Vanillepulver
3 EL Milch
100 g gehackte Schokolade

1. Den Backofen auf 170 °C Umluft vorheizen.
2. Butter mit dem Zucker schaumig schlagen.
3. Haferflocken, Mehl, Backpulver und die Prise Salz in einer separaten Schüssel miteinander vermengen.
4. Eier, Vanillearoma und Milch zu der Butter-Zucker-Mischung geben und verrühren, bevor nun die trockenen Zutaten (siehe Schritt 3) untergerührt werden.
5. Die Schokolade grob hacken und unter den Teig heben.
6. Da der Teig etwas fester ist, mit Hilfe eines Teelöffels Teigkleckse auf ein mit Backpapier ausgelegtes Backblech geben und ca. 15 bis 20 Minuten backen.
7. Die Kekse etwa 5 Minuten auf dem Blech abkühlen lassen und dann auf einem Gitter vollständig auskühlen lassen.

Oatmeal-Energy-Balls

Für 15 Stück
Pro Stück: 40 kcal / 6,8 g KH / 0,11 g P / 0,7 g F
vegan

90 g entsteinte Datteln
20 g Chia-Samen
30 g Schmelzflocken
15 g getrocknete Cranberrys
1-2 EL Wasser
20 g Haferflocken, zart (zum Wälzen)

1. Datteln vorsichtig pürieren und mit den restlichen Zutaten vermengen.
2. Etwas Wasser hinzufügen, bis eine leicht klebrige Masse entsteht.
3. Etwa 15 gleich große Kugeln formen und diese in Haferflocken wälzen.

Schoko-Granola-Riegel

Für 8 Stück
Pro Stück: 166 kcal / 17,8 g KH / 4,2 g P / 14,1 g F
vegetarisch

- 70 g Honig
- 45 g Pflanzenöl
- 90 g Haferflocken, kernig
- 2 TL Kakaopulver
- 20 g getrocknete Datteln oder Feigen
- 1 EL gehackte Nüsse, z. B. Mandeln oder Haselnüsse
- 1 EL Samenkörner, z. B. Sesam, Kürbiskerne oder Chia
- 40 g grob gehackte Schokolade

1. Backofen auf 160 °C Umluft vorheizen.
2. Honig und Öl miteinander vermengen.
3. Haferflocken mit dem Kakaopulver mischen und dazugeben.
4. Datteln klein schneiden und mit den Nüssen und Samenkörnern zu der Masse geben und gut vermischen.
5. Zum Schluss die grob gehackte Schokolade untermengen und die klebrige Masse auf ein Backblech mit Backpapier oder in eine mit Backpapier ausgelegte Form geben und ca. 25 Minuten backen.
6. Nach kurzem Abkühlen in die gewünschte Größe schneiden und vollständig abkühlen lassen.

Energy-Riegel

Für 8 Stück
Pro Stück: 186 kcal / 19,9 g KH / 4,8 g P / 9,2 g F
vegetarisch

90 g Haferflocken, kernig
20 g gepuffte Quinoa oder gepuffter Reis (alternativ durch Haferflocken ersetzen)
60 g Nussbutter nach Wahl
70 g Honig
½ TL Vanilleextrakt oder Mark einer Vanilleschote
30 g Kokosraspel
40 g Rosinen
30 g gehackte Mandeln

1. Alle Zutaten vermischen.
2. Die klebrige Masse in eine mit Backpapier ausgelegte Auflaufform oder Backform (ca. 20 × 20 cm) geben und gleichmäßig verstreichen.
   Für mind. 1 Stunde in den Kühlschrank stellen und anschließend in die gewünschte Riegelform und -größe schneiden.

Hafer-Heidelbeer-Muffins

Für ca. 12 Stück
Pro Stück: 206 kcal / 28,3 g KH / 4,8 g P / 7,7 g F
vegetarisch

2 Eier
75 g Pflanzenöl
110 g Zucker
Abgeriebene Schale von einer Bio-Zitrone
120 ml Buttermilch
100 ml Milch
130 g Haferflocken, zart
180 g Weizenmehl
3 TL Backpulver
Ca. 70 g frische Heidelbeeren

1. Backofen auf 180 °C Umluft vorheizen.
2. Eier schaumig schlagen und mit Öl, Zucker, Zitronenschale, Buttermilch und Milch vermengen.
3. Haferflocken, Mehl und Backpulver miteinander vermischen und kurz unter die Eimasse rühren.
4. Heidelbeeren unterheben, in Silikonförmchen füllen und ca. 20 bis 25 Minuten backen.

Tipp:

Wenn die Heidelbeeren vorher kurz in Mehl gewendet werden, geben sie weniger Farbe an den Teig ab!

Oat Cups

Für 5 Cups

Pro Cup: 101 kcal / 13,1 g KH / 4,5 g P / 2,9 g F

vegetarisch

1 reife Banane (etwa 100 g)
50 g Haferflocken, zart
1 Ei
1 TL Backpulver
1 EL gemahlene Nüsse oder Haferflocken zum Bestreuen

Für die Füllung:

150 g Joghurt
3-5 Erdbeeren

1. Backofen auf 170 °C Unter-/ Oberhitze vorheizen.
2. Die Banane mit einer Gabel zerdrücken und mit Haferflocken, Ei und Backpulver vermengen.
3. Ein Muffinblech fetten und mit Haferflocken oder gemahlenen Nüssen bestreuen. Die Muffinmulden zu ca. ein Drittel mit dem Teig befüllen. In jede befüllte Mulde eine Muffinsilikonform hineindrücken, sodass der Teig die Form eines Bechers erhält. Alternativ kann man die Muffinmulde auch einfach mit der Masse auskleiden.
4. 20 bis 25 Minuten lang backen.
5. Sobald die Cups ausgekühlt sind, können sie nach Belieben gefüllt werden, z. B. mit Naturjoghurt und Erdbeeren.

Bananen-Porridge-Mugcake

1 Portion
Pro Portion: 446 kcal / 68 g KH / 16,6 g P / 9,6 g F
vegetarisch

1 reife Banane
1 Ei
60 g fein gemahlene Haferflocken oder Schmelzflocken
1 TL Backpulver

1. Banane mit einer Gabel zerdrücken und mit Ei verquirlen.
2. Haferflocken und Backpulver vermischen, unter die Bananen-Ei-Mischung rühren. Den Teig in eine mikrowellenfeste Tasse geben, dabei darauf achten, dass diese nur zu zwei Drittel gefüllt ist. Bei voller Leistung (800 Watt) 3 Minuten in die Mikrowelle geben.

Herzhafte Haferpizza

2 Portionen
Pro Portion: 436 kcal / 41,6 g KH / 26,9 g P / 17,4 g F

Für den Teig:

100 g Haferflocken, kernig
100 ml Wasser
1 Ei
100 g Apfelmus
20 g Erythrit (oder anderes Süßungsmittel wie Zucker oder Honig)
1 Msp. Backpulver

Für den Belag:

40 g passierte Tomaten,
Gewürze: Salz, Pfeffer, Paprika
50 g Paprika
50 g Champignons
50 g Schinkenwürfel
75 g Streukäse

1. Backofen auf 180 °C Ober-/Unterhitze vorheizen.
2. Haferflocken mit Wasser und Ei vermischen.
3. Anschließend das Apfelmus, Süßungsmittel sowie Backpulver dazugeben und zu einer cremigen Masse vermischen.
4. Auf einem mit Backpapier ausgelegten Backblech den Teig zu einem runden, dünnen Pizzaboden streichen.
5. In den Backofen schieben und insgesamt ca. 20 Minuten backen. Falls möglich (z. B. mit einem zweiten Backpapier) den Boden für die letzten 5 bis 7 Minuten wenden.
6. Nun sparsam die passierten Tomaten auf dem Boden verteilen, nach Belieben belegen und zum Schluss den Käse darübergeben.
7. Nochmals bei 150 °C für ca. 15 Minuten in den Backofen geben, bis der Käse goldbraun gebacken ist.

Frühstückspizza/Süße Haferpizza

1 Portion

Pro Portion: 556 kcal / 71,5 g KH / 33,4 P / 11,9 g F

vegetarisch

Für den Boden:

80 g Haferflocken, kernig

1 Ei

50 g ungesüßtes Apfelmus

Mark einer halben Vanilleschote oder ½ Teelöffel Vanilleextrakt

Für das Topping:

125 g griechischer Joghurt

150 g buntes Obst nach Wahl (z. B. Erdbeeren, Kirschen, Nektarinen, Heidelbeeren, Kiwi)

1. Backofen auf 180 °C Umluft vorheizen.
2. Alle Zutaten für den Boden miteinander vermischen.
3. Die Masse anschließend auf ein mit Backpapier ausgelegtes Backblech streichen, dabei zu einem runden, dünnen Boden formen (ca. 0,5 cm dick).
   10 bis 15 Minuten im Ofen backen.
4. Nach kurzem Auskühlen mit Joghurt bestreichen und mit Obst nach Wahl belegen.

Danksagung

Bianca zeigt mit ihrem Food-und-Fitness-Instagram-Account **@biancazapatka** sowie in ihrem Blog **https://biancazapatka.com/de/** anhand von schönen Fotografien, wie lecker, bewusst und ausgewogen man sich ernähren kann. Egal ob vegetarisch, mit Fleisch/Fisch und süß oder herzhaft. Hier ist für jeden etwas dabei und hier wird garantiert jeder hungrig!
Katharina Clören – schnelle, gesunde Fitnessküche für jedermann. Leckereien können gesund sein und ausgewogen kochen geht auch in der Mikrowelle. Wie? Das zeigt Katharina auf ihrem Fitness-Account bei Instagram: **@squatsandpeanuts**
@Leilajasmin_ macht auf ihrem Instagram-Account deutlich, dass man Essen auch ohne schlechtes Gewissen genießen kann. Selbst dann, wenn man auf seine Ernährung achten, gesund leben oder sogar etwas abnehmen möchte.
Mandy zeigt auf ihrem Instagram-Account **@mia.mirabelle** einfache Rezepte, die leicht umzusetzen und auch noch gesund sind. Hier ist von Low-Carb, Low-Fat bis hin zu vegetarisch und vegan von allem etwas dabei. Zudem werden alle Back- und Kochwerke liebevoll in Szene gesetzt, sodass die Fotos schon Lust aufs Backen bzw. Kochen machen.
Ronja vom Online-Magazin Food'n'Photo beweist, dass auch das Auge mitisst. Auf ihrem Blog **www.foodnphoto.de** und ihrem Instagram-Account **@miss_gruenkern** präsentiert sie leckere und gesunde Gerichte, die allein schon beim Ansehen Appetit machen.
Sich gesund und ausgewogen zu ernähren kann so einfach sein! Wie man simple, aber dennoch leckere Gerichte ganz leicht in den Alltag integrieren kann, zeigt Vanessa F. auf ihrem Instagram-Account: **@vanessas.gymfood**
Vanessa D. führt auf ihrem Instagram Account **@van0510** vor, wie viel Spaß es machen kann, sich gesund und vielseitig zu ernähren – ganz ohne Verzicht auf den Geschmack! Mit Vorliebe postet sie Bilder sowie passende Rezepte für jeden, der auf der Suche nach Frühstücksideen oder herzhaften Gerichten ist. Liebe geht durch den Magen – das ist hier definitiv Programm.
Diana vom Blog **www.schwarzgrueneszebra.de** teilt auf ihrer Seite jede Woche leckere Low-Carb-Gerichte. Nicht nur schnelle Gerichte für jeden Tag, sondern auch Außergewöhnliches für die besonderen Momente oder den süßen Zahn. Ihr Motto lautet: Geht nicht gibt's nicht!

Über die Autorin

Veronika Pichl, Jahrgang 1980, ist erfolgreiche Buchautorin zu den Themen Abnehmen, Ernährung, Bewegung und Glücklichsein. Sie entwickelt Ratgeber für den riva Verlag und den von ihr selbst gegründeten Happy Fit Food Verlag (www.happyfitfood.de). Im riva Verlag sind bereits die Titel ***Chia for fit, Quinoa for fit, Eiweiß for fit, Essen mit Liebe, Klassiker Low-Carb, Ich liebe Kaffee*** und ***Süßes und Desserts Low-Carb*** (auch in einer Variante für den Thermomix®) erschienen. Sie lebt mit ihrem Mann und ihren beiden Kindern im Nürnberger Land.

Bild- und Rezeptnachweis

S. 35: Banana-Split-Oatmeal (Rezept): Vanessa Döhre, #van0510
S. 36: Apfel-Nuss-Chia-Porridge (Rezept + Foto): Vanessa Faschingbauer, #vanvanblabla
S. 37: Buchweizen-Porridge mit Apfel und Mandeln (Rezept): Bianca Zapatka, #fitness_bianca
S. 38: Kokos-Porridge »Piña Colada« (Rezept + Foto): Miriam Matin
S. 39: Süßes Kürbis-Oatmeal (Rezept): Bianca Zapatka, #fitness_bianca
S. 40: Matcha-Porridge (Rezept + Foto): Ronja Pfuhl, Food'n Photo, #miss_gruenkern
S. 41: Vanille-Mohn-Porridge (Rezept): Vanessa Döhre, #van0510
S. 43: Chai-Porridge mit karamellisierter Banane (Rezept): Miriam Matin
S. 44: Schoko-Zoats-Porridge (Rezept + Foto): Miriam Matin
S. 45: Beeriges Kokos-Porridge (Rezept): Ronja Pfuhl, Food'n Photo, #miss_gruenkern
S. 46: Orange-Chocolate-Porridge (Rezept + Foto): Vanessa Faschingbauer, #vanvanblabla
S. 47: Himbeer-Haferkleie-Bowl (Rezept + Foto): Diana Ruchser, schwarzgrueneszebra.de
S. 48: Erdbeer-Quark-Bowl (Rezept + Foto): Leila Jasmin, #leilajasmin_
S. 49: Rooibos-Orange-Porridge (Rezept + Foto): Miriam Matin
S. 51: Tomaten-Feta-Porridge (Rezept): Vanessa Döhre, #van0510
S. 52: Quinoa-Gemüse-Porridge (Rezept): Vanessa Döhre, #van0510
S. 53: Curry-Porridge (Rezept + Foto): Diana Ruchser, schwarzgrueneszebra.de
S. 54: Buchweizen-Porridge mit Gemüse (Rezept + Foto): Ronja Pfuhl, Food'n Photo, #miss_gruenkern
S. 55: Quinoa-Avocado-Bowl (Rezept + Foto): Ronja Pfuhl, Food'n Photo, #miss_gruenkern
S. 56/57: Mediterranes Porridge (Rezept + Foto): Diana Ruchser, schwarzgrueneszebra.de
S. 58: Tomaten-Hirse-Porridge (Rezept): Bianca Zapatka, #fitness_bianca
S. 59: Couscous-Bowl (Rezept): Ronja Pfuhl, Food'n Photo, #miss_gruenkern
S. 60/61: Porridge Asia-Style (Rezept + Foto): Diana Ruchser, schwarzgrueneszebra.de
S. 62: Herzhaftes Oatmeal mit Käse und Spiegelei (Rezept): Katharina Clören, #squatsandpeanuts
S. 63: Buchweizen-Gemüse-Bowl (Rezept): Katharina Clören, #squatsandpeanuts
S. 64: Kürbis-Hirse-Porridge (Rezept): Bianca Zapatka, #fitness_bianca
S. 71: Goldene-Milch-Oats (Rezept + Foto): Miriam Matin
S. 72: Cremige Bananen-Erdbeer-Oats (Rezept + Foto): Leila Jasmin, #leilajasmin_
S. 74: Bircher Oats (Rezept): Vanessa Döhre, #van0510
S. 79: Gebackenes Blaubeer-Kokos-Porridge (Rezept + Foto): Vanessa Faschingbauer, #vanvanblabla
S. 80: Gebackenes Banane-Erdbeer-Oatmeal (Rezept): Bianca Zapatka, #fitness_bianca
S. 81: Fruity Baked Oatmeal (Rezept): Bianca Zapatka, #fitness_bianca
S. 82: Birne-Walnuss-Porridge aus dem Ofen (Rezept): Bianca Zapatka, #fitness_bianca
S. 83: Schokoladen-Porridge-Pancakes (Rezept + Foto): Vanessa Faschingbauer, #vanvanblabla
S. 84: Porridge-Waffeln mit Blaubeeren (Rezept + Foto): Vanessa Faschingbauer, #vanvanblabla
S. 85: Schoko-Hafer-Kekse (Rezept): Vanessa Döhre, #van0510

S. 86: Oatmeal-Energy-Balls (Rezept + Foto): Mandy Brünig, #mia.mirabelle
S. 87: Schoko-Granola-Riegel (Rezept): Vanessa Döhre, #van0510
S. 88: Energy-Riegel (Rezept): Katharina Clören, #squatsandpeanuts
S. 89: Hafer-Heidelbeer-Muffins (Rezept): Vanessa Döhre, #van0510
S. 90: Oat Cups (Rezept + Foto): Mandy Brünig, #mia.mirabelle
S. 91: Bananen-Porridge-Mugcake (Rezept): Ronja Pfuhl, Food'n Photo, #miss_gruenkern
S. 92: Herzhafte Haferpizza (Rezept + Foto): Leila Jasmin, #leilajasmin_
S. 93: Frühstückspizza/Süße Haferpizza (Rezept): Katharina Clören, #squatsandpeanuts

S. 5: Sergii Tverdokhlibov/shutterstock.com; S. 6: vm2002/shutterstock.com; S. 7: Yulia Davidovich /shutterstock.com; S. 8 oben: Eugenia Lucasenco /shutterstock.com; S. 8 unten: VDex/shutterstock.com; S. 11 oben: Syda Productions/shutterstock.com; S. 11 unten: Evgeny Tomeev/shutterstock.com; S. 12: marekuliasz/iStockphoto.com; S. 13 oben: nioloxs /shutterstock.com; S. 13 unten: Africa Studio/shutterstock.com; S. 14 oben: Rvan Alex/shutterstock.com; S. 14 Mitte: margouillat photo/shutterstock.com; 14 unten: kostrez/shutterstock.com; S. 15 oben links: LenaVolkova/shutterstock.com; S. 15 oben rechts: digitalr /iStockphoto.com; S. 15 unten: Akvals/shutterstock.com; S. 16 oben: Christian Draghici/shutterstock.com; S. 16 Mitte: Matthew Bechelli/shutterstock.com; S. 17 oben: Africa Studio/shutterstock.com; S. 17 Mitte: Eskymaks/shutterstock.com; S. 17 unten: marekuliasz/shutterstock.com; S. 19 oben: Ruggiero Scardigno /shutterstock.com; S. 19 Mitte: Cristina Melenciuc/shutterstock.com; S. 19 unten (links): Igor Dutina/shutterstock.com + (rechts): HandmadePictures/shutterstock.com; S. 21: Yulia Davidovich/shutterstock.com + Ganihina Daria /shutterstock.com; S. 22: P-fotography/shutterstock.com; S. 23: Natalie_Barth/shutterstock.com; S. 25: Ivanna Grigorova/shutterstock.com; S. 26: ma23ma23/shutterstock.com; S. 27 oben: Elena Schweitzer/shutterstock.com; S. 27 unten: Phototasty/shutterstock.com; S. 30: Alexander Kirch/shutterstock.com; S. 31: NAPAPORN NONTH/shutterstock.com; S. 33: Alexander Sviridov/shutterstock.com; S. 34: Valeria Aksakova/shutterstock.com; S. 35: zoryanchik/shutterstock.com; S. 37: JRP Studio/shutterstock.com; S. 39: JeniFoto/shutterstock.com; S. 41: Oksana Bittereschokolade/shutterstock.com; S. 43: zarzamora/shutterstock.com; S. 45: AlenaKogotkova/shutterstock.com; S. 50: Westend61/Getty Images; S. 52: SMDSS/shutterstock.com; S. 58: Nataliya Arzamasova/shutterstock.com; S. 59: kuvona/shutterstock.com; S. 62: zoryanchik/shutterstock.com; S. 63: Vladislav Noseek/shutterstock.com; S. 64: Liliya Kandrashevich/shutterstock.com; S. 65: bernashafo/ iStockphoto.com; S. 67: Olga Gorchichko/shutterstock.com; S. 69: Nataliya Arzamasova/Shutterstock.com; S. 73: AlenaKogotkova/shutterstock.com; S. 75: Radoslav Kellner/shutterstock.com; S. 76: JeniFoto/shutterstock.com; S. 77: zoryanchik/shutterstock.com; S. 78: Yulia Davidovich/shutterstock.com; S. 80: Elena Shashkina/shutterstock.com; S. 81: MShev/shutterstock.com; S. 82: Elena Veselova/shutterstock.com; S. 85: Bogdan Wankowicz/shutterstock.com; S. 87: Oxana Denezhkina/shutterstock.com; S. 88: Elena Shashkina/shutterstock.com; S. 89: Elena Veselova/shutterstock.com; S. 91: zoryanchik/shutterstock.com